TOP 10

BUENOS AIRES

CB142022

DECLAN MCGARVEY
JONATHAN SCHULTZ

DK
PUBLIFOLHA

Espetáculo de tango; Cálices de prata de Marcelo Toledo; Cemitério de La Recoleta

DK | Penguin Random House

Título original: *Top 10 Buenos Aires*

Publicado originalmente na Grã-Bretanha em 2009 pela Dorling Kindersley Limited, 80 Strand, WC2R 0RL, Londres, Inglaterra, uma empresa da Penguin Random House.

Copyright © 2009, 2015 Dorling Kindersley Limited
Copyright © 2015 Publifolha Publifolha Editora Ltda.

Todos os direitos reservados. Nenhuma parte desta obra pode ser reproduzida, arquivada ou transmitida de nenhuma forma ou por nenhum meio sem a permissão expressa e por escrito da Publifolha Editora Ltda.

Proibida a comercialização fora do território brasileiro.

Coordenação de Projeto: Publifolha
Editora-assistente: Adriane Piscitelli
Coordenadora de produção gráfica: Soraia Pauli Scarpa
Produtora gráfica: Mariana Metidieri

Produção Editorial: Página Viva
Tradução e edição: Eliana Rocha
Revisão: Rosi Ribeiro, Elisa Elias
Diagramação: Bianca Galante

Dados Internacionais de Catalogação na Publicação (CIP)
(Câmara Brasileira do Livro, SP, Brasil)

McGarvey, Declan
Buenos Aires / Declan McGarvey, Jonathan Schultz ; [tradução e edição Eliana Rocha]. – 4. ed. – São Paulo: Publifolha, 2015.

Título original: Top 10 Buenos Aires.
ISBN 978-85-7914-151-5

1. Buenos Aires (Argentina) - Descrição e viagens - Guias I. Schultz, Jonathan. II. Título. III. Série.

10-00926 CDD-918.211

Índices para catálogo sistemático:
1. Buenos Aires : Argentina : Guias de viagem 918.211
2. Guias de viagem : Buenos Aires : Argentina 918.211

Este livro segue as regras do Acordo Ortográfico da Língua Portuguesa (1990), em vigor desde 1º de janeiro de 2009.

Impresso na China.

PUBLIFOLHA
Divisão de Publicações do Grupo Folha
Al. Barão de Limeira, 401, 6º andar
CEP 01202-900, São Paulo, SP
Tel.: (11) 3224-2186/2187/2197
www.publifolha.com.br

UM MUNDO DE IDEIAS
www.dk.com

Sumário

Top 10 Buenos Aires

As listas Top 10 não estão em ordem de qualidade ou popularidade. As 10 atrações, na opinião dos editores, são iguais em importância.

Foi feito o possível para garantir que as informações deste livro fossem as mais atualizadas disponíveis até o momento da impressão. No entanto, alguns dados como telefones, preços, horários de funcionamento e informações de viagem estão sujeitos a mudanças. Os editores não podem se responsabilizar por qualquer consequência do uso deste guia, nem garantir a validade das informações contidas nos sites indicados.

Os leitores interessados em fazer sugestões ou comunicar eventuais correções podem escrever para a Publifolha, Al. Barão de Limeira, 401, 6º andar, CEP 01202-900, São Paulo, SP, ou enviar um e-mail para: atendimento@publifolha.com.br

Capa – **AWL Images:** Peter Adams principal; **DK Images:** Rough Guides/Greg Roden be; Lombada – **DK Images:** Demetrio Carrasco b. Contracapa – **DK Images:** Demetrio Carrasco ae, ac, ad.

Exposição no MALBA; Café Tortoni; Interior das Galerías Pacífico

Área por Área

Dicas de Viagem

El Caminito, La Boca; Congresso Nacional

MUSEO CONVENTILLO
TANGO
del 900
CENTRO CULTURAL

TOP 10 BUENOS AIRES

TOP 10 BUENOS AIRES

TOP 10 Destaques

Alma romântica da Argentina, Buenos Aires é a capital do país, onde grupos de tango se apresentam em milongas (salões de danças) lotadas, homens gritam como loucos em imensos estádios de futebol e os táxis mudam incessantemente de faixa em algumas das avenidas mais largas do mundo. Os portenhos, como são chamados os moradores dessa sofisticada metrópole, caminham num ritmo próprio quando estão apressados ou quando vão se divertir, o que fazem muito bem. Com museus espetaculares, praças e parques adoráveis, além de uma rica arquitetura repleta de história, a cidade é calorosa e cheia de energia.

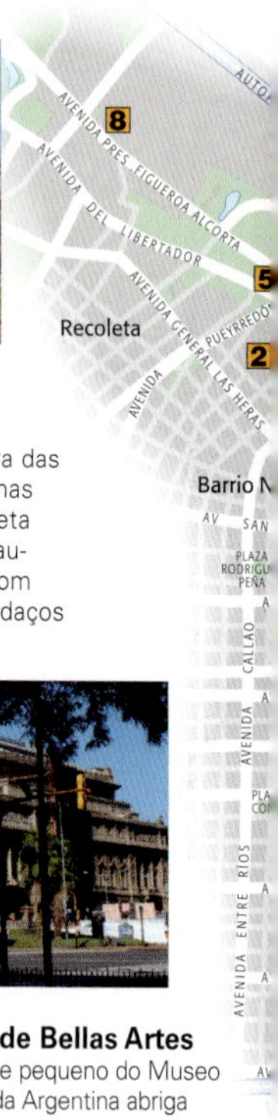

Plaza de Mayo 1

Essa praça assistiu às festas em comemoração à conquista da Copa do Mundo de Futebol, assim como às marchas silenciosas das Mães da Plaza de Mayo *(pp. 8-9).*

2 Cemitério de La Recoleta

Monumento e metáfora das fortunas do país – ganhas e perdidas –, La Recoleta contém impecáveis mausoléus em contraste com túmulos caindo aos pedaços *(pp. 10-1).*

Teatro Colón 3

Tendo celebrado seu centenário sob andaimes, o mais grandioso dos teatros de ópera da América Latina reabriu em 2010 depois de uma ampla restauração. El Colón é o edifício mais amado de toda a Argentina *(pp. 12-3).*

4 Avenida de Mayo

Essa valorizada avenida é uma bênção para os amantes da arquitetura – com os mais bem-preservados edifícios belle époque, art nouveau e art déco do continente. Antigos cafés e livrarias lhe dão mais charme *(pp. 14-5).*

5 Museo Nacional de Bellas Artes

O prédio relativamente pequeno do Museo Nacional de Bellas Artes da Argentina abriga uma maravilhosa coleção permanente, que abrange de esplêndidos bronzes de Rodin a óleos que representam o lendário pampa argentino. O museu contém grandes obras de artistas internacionais *(pp. 16-7).*

Nas páginas anteriores, **El Caminito, La Boca**

6 San Telmo

Um dos *barrios* mais antigos da cidade, San Telmo conserva o espírito lírico do *bodegón* – o típico bar e café portenho, onde a qualquer tempo se consegue um vermute ou um croissant. As ruas, ladeadas de casas do século XIX, enchem-se de artistas aos domingos *(pp. 18-9)*.

7 Avenida 9 de Julio

A maior avenida da América Latina, é ladeada por dezenas de edifícios de interesse cultural, sendo o maior deles o Teatro Colón. Tome cuidado ao atravessar as doze faixas da avenida, o que requer várias mudanças dos sinais de trânsito *(pp. 20-1)*.

8 Museo de Arte Latinoamericano de Buenos Aires (MALBA)

O MALBA se firmou rapidamente desde sua inauguração, em 2001. Sua coleção de arte latino-americana, que inclui obras de Diego Rivera e Xul Solar, é acompanhada de exibições de filmes e uma original loja de presentes *(pp. 22-3)*.

9 Colonia del Sacramento, Uruguai

Fundada por comerciantes portugueses, Colonia é uma cidade pitoresca. As ruas coloniais, a arquitetura portuguesa e o tranquilo ritmo de vida a tornam local ideal para um fim de semana *(pp. 24-5)*.

10 Tango

Alegre e divertido, ou triste e melancólico, o tango – a forma de poesia, dança e música da capital – ainda está na moda 120 anos depois de seu aparecimento. Com aulas e espetáculos em abundância, é intrínseco à cultura da cidade e continua a cativar o povo de Buenos Aires e do resto do mundo *(pp. 26-9)*.

Plaza de Mayo

Como os raios de uma roda, algumas das mais importantes avenidas de Buenos Aires se irradiam da Plaza de Mayo. Quase todas as épocas da história da cidade estão representadas nos arredores da praça. El Cabildo, a pequena sede do governo no século XVIII, não exerce mais nenhuma função oficial, mas ainda emana uma aura mais imponente que o atual palácio governamental, a Casa Rosada. O espaço entre os dois tem sido palco de algumas das mais ferozes lutas e das maiores alegrias da Argentina, dos ataques navais de 1955 às vibrantes comemorações da Copa do Mundo de Futebol de 1978 e 1986. Apesar de toda a sua formidável história, a Plaza de Mayo ainda oferece um banco tranquilo para ler o jornal ou saborear um mate.

Plazoleta de San Francisco

Se sua visita cair entre março e novembro, vá até a Casa de la Cultura *(p. 15)* fazer aulas de dança grátis, das 14h às 18h.

Experimente um bolo com café a duas quadras do local, no Café La Puerto Rico *(Calle Alsina 420)*.

- *Mapa F2*
- *Casa Rosada: Calle Hipólito Yrigoyen 219; 4344-3802; www.presidencia.gob.ar*
- *El Cabildo: Calle Bolívar 65; 4342-6729; www.cabildonacional.gob.ar*
- *Catedral Metropolitana: Av. Rivadavia com Calle San Martín; 4331-2845; www.catedralbuenosaires.org.ar*
- *Ministério da Economia: Calle Hipólito Yrigoyen 250; 4349-5000; www.mecon.gov.ar*

Destaques

1. Casa Rosada
2. El Cabildo
3. La Catedral Metropolitana
4. Pirámide de Mayo
5. As Mães da Plaza de Mayo
6. Banco de la Nación
7. Monumento ao General Belgrano
8. Protestos
9. Ministério da Economia
10. Plazoleta de San Francisco

1 Casa Rosada

O presidente faz reuniões na Casa Rosada *(acima)*. Os visitantes podem voltar no tempo no museu existente no interior do palácio, que guarda artefatos de antigas fortificações da cidade.

2 El Cabildo

Antiga sede do vice-reinado e construído em 1725, o edifício abriga relíquias que revelam o prestígio de que desfrutava a Argentina antes da independência. No pátio dos fundos há uma feira de artesanato às quintas e sextas.

3 La Catedral Metropolitana

Essa grande catedral neoclássica *(abaixo)* foi consagrada em 1836. O interior revela um altar em estilo rococó e o mausoléu do libertador da Argentina, o general José de San Martín.

4 Pirámide de Mayo

A Pirámide de Mayo *(dir.)* é dedicada aos revolucionários de 1810, articuladores da independência. Perto dali, uma placa homenageia Julio López, testemunha-chave de um julgamento contra a ditadura, desaparecido em 2006.

6 Banco de la Nación

O banco nacional contém uma maquete da praça como ela era em meados do século XX, época da construção do banco, com detalhes de carros e pedestres. Outra atração é a cúpula central do prédio.

5 As Mães da Plaza de Mayo

Presença constante na praça desde 1977, as Mães da Plaza de Mayo procuram seus filhos desaparecidos durante a ditadura militar de 1976-82. Todos os que quiserem se juntar à marcha serão bem-vindos.

7 Monumento ao General Belgrano

Embora ele não seja considerado um grande estrategista militar, atribui-se ao general Manuel Belgrano o desenho da bandeira argentina. Por isso ele é representado a cavalo nas cores nacionais *(acima)*.

8 Protestos

Centro político da nação, a praça é palco de protestos *(esq.)* quase diários, sempre pacíficos. A exceção foi a rebelião de dezembro de 2001 *(p. 33)*.

9 Ministério da Economia

O Ministério da Economia inaugurou o estilo arquitetônico oficialista, mais tarde promovido por Perón *(p. 35)*. Admire no saguão dois grandes quadros a óleo pintados em 1939 pelos muralistas Naguil e Quirós.

10 Plazoleta de San Francisco

Essa pracinha contém quatro figuras em mármore que antes cercavam a Pirámide de Mayo. Representam a astronomia, a navegação, a geografia e a indústria.

35 Anos das Mães da Plaza de Mayo

Os 35 anos das Mães da Plaza de Mayo foram comemorados em 2012 com concertos de *rock* e especiais de TV, e despertaram grande interesse político. Apesar de uma cisão em 1986, o movimento nunca se diluiu nem foi cooptado. Hoje, seu objetivo é identificar os jovens que, quando bebês, foram arrancados da mãe, assim como o julgamento de militares da ditadura.

Veja mais sobre momentos da história argentina nas **pp. 32-3**

TOP 10 Cemitério de La Recoleta

Um dos maiores cemitérios do mundo, o Cemitério de La Recoleta, situado no elegante bairro de mesmo nome, abriga os túmulos da elite argentina desde meados do século XIX. Presidentes, generais, artistas, aristocratas e, a mais famosa de todos, Eva Perón, estão enterrados aí em fabulosos mausoléus de granito e bronze. Construídos muito próximos uns dos outros, os túmulos formam um labirinto de vielas estreitas. Os estilos arquitetônicos são variados e fascinantes: grandiosos templos gregos dividem o espaço com minúsculas pirâmides egípcias, abóbadas art nouveau e cenotáfios monumentais. Acrescentado em 1881, um imponente pórtico de colunas dóricas protege essa extraordinária cidade dos mortos.

Capilla de Benediciones

Várias agências de turismo promovem visitas ao cemitério. Você também pode comprar um mapa na entrada do cemitério.

Tome um café no La Biela *(p. 70)*, um café em estilo parisiense, frequentado pela *intelligentsia* e pela comunidade das corridas de automóveis da cidade.

- *Mapa N4*
- *Junín 1760, entre Guido e Vicente López*
- *4803-1594*
- *Aberto 7h-17h45 diariam*
- *Visitas guiadas grátis: 9h30, 11h, 14h, 16h ter-dom*

Destaques

1. Eva Duarte de Perón
2. A Família Leloir
3. Domingo Faustino Sarmiento
4. Capilla de Benediciones
5. José C. Paz
6. Panteón de los Ciudadanos Meritorios
7. Dorrego-Ortíz Basualdo
8. Carlos Pellegrini
9. William Brown
10. Mausoleo a los Caídos en la Revolución de 1890

1 Eva Duarte de Perón

Evita repousa, embalsamada, no túmulo modesto da família *(abaixo)*. Placas em sua homenagem, com citações apaixonadas como "Eu voltarei e serei milhões!", enchem as paredes, e flores sempre enfeitam a entrada.

2 A Família Leloir

Construído na forma de um templo grego, esse grandioso mausoléu familiar traduz a ambição e a confiança da elite argentina do século XIX. Como em muitos outros túmulos, suas esculturas foram moldadas em estúdios europeus.

3 Domingo Faustino Sarmiento

Sarmiento, presidente da Argentina de 1868 a 1874, era maçom. Seu túmulo, que ele próprio desenhou, tem símbolos maçônicos, como a pirâmide, o compasso e o "olho que tudo vê."

4 Capilla de Benediciones

Essa capela de 1882 se destaca graças ao notável crucifixo colocado sobre o pequeno altar. Esculpido em mármore pelo artista italiano Giulio Monteverde, mostra o Cristo morto na cruz.

5 José C. Paz

Local de repouso do fundador do jornal *La Prensa*, esse é o monumento mais belo do cemitério *(esq.)*. Uma alegoria da alma imortal, mostra um anjo abandonando seu corpo e subindo aos céus.

6 Panteón de los Ciudadanos Meritorios

Nesse canto histórico do cemitério ficam os túmulos de vários heróis da independência. Ao lado deles, cenotáfios celebram outras figuras importantes do mesmo período.

7 Dorrego-Ortíz Basualdo

Esse sepulcro *(acima)* mostra um crucifixo e uma menorá, simbolizando a conversão dos ancestrais dessa família do judaísmo ao catolicismo em sua chegada à Argentina, no século XVI.

8 Carlos Pellegrini

Presidente em 1890, Pellegrini comandou o país durante uma grave crise econômica. Em seu túmulo, ele aparece dando ordens em cima de seu caixão. A seus pés, vê-se a figura de uma mulher com uma criança, simbolizando a república e seu futuro.

9 William Brown

A fama de Brown como fundador da marinha argentina é ofuscada na morte pela trágica história de sua filha, cujas cinzas também estão aí. Ela se afogou depois da morte do noivo.

10 Mausoleo a los Caídos en la Revolución de 1890

Esse memorial *(dir.)* lembra os mortos da fracassada revolução. As esculturas representam trabalhadores armados de fuzis. Vários líderes do Partido Radical estão enterrados aí.

Origens do Cemitério de La Recoleta

Esse cemitério foi construído em 1822, no limite norte da cidade de então. O terreno foi confiscado pelo governo argentino aos monges recoletos da vizinha Iglesia del Pilar. Primeiro cemitério público da cidade, foi usado inicialmente para abrigar os corpos dos escravos libertos e dos proletários, e só a partir dos anos 1860 se tornou território dos ricos.

Livros sobre o cemitério podem ser adquiridos no quiosque de informações perto da entrada. A renda destina-se à manutenção do local.

TOP 10 Teatro Colón

Por seu tamanho monumental, sua acústica quase perfeita e sua elegância, o Teatro Colón é um dos melhores teatros de ópera do mundo. Mas, para os portenhos, a estrutura neoclássica representa muito mais. "Rico como um argentino" era a frase que se ouvia regularmente nas ruas de Nova York e Paris por volta de 1908, ano de sua inauguração. Visitar o Colón é conhecer a grandeza desse passado. As lendas sobre a construção do teatro parecem um libreto de Verdi. O Colón voltou a ter seus balcones *e* palcos *lotados todas as noites, como sempre estiveram durante mais de um século.*

Fachada do Teatro Colón

Experimente um cappuccino e uma sobremesa na confeitaria Petit Colón *(p. 57).*

- *Mapa P5*
- *Cerrito 628*
- *4378-7127*
- *Entrada (varia)*
- *Visitas guiadas: a cada quinze minutos, 9h-17h (convém reservar); visita AR$150 (não aceita moeda estrangeira)* • *www.teatrocolon.org.ar*

Destaques

1. Saguão
2. El Salón de Bustos e El Salón Dorado
3. Camarotes Oficiais
4. Vitrais
5. La Sala
6. El Paraíso
7. Biblioteca
8. Cúpula
9. Pasaje de los Carruajes
10. Oficinas

1 Saguão

Colunas neorromânicas e um deslumbrante vitral belle époque na cúpula caracterizam o saguão do Colón *(abaixo)*. Quatro tipos de mármore europeu foram usados na construção do *foyer*, o que indica a alta valorização dos materiais e da mão de obra do Velho Mundo.

2 El Salón de Bustos e El Salón Dorado

Bustos de Wagner, Rossini e Beethoven observam o movimento do público no saguão abaixo. O barroco Salón Dorado seria digno de figurar em Versailles. Concertos de música de câmera e exposições especiais são realizados aí.

3 Camarotes Oficiais

Com acesso pelo Salón de Bustos, esses palcos são reservados a dignitários, ao presidente e ao prefeito municipal. Os portenhos afirmam que muitos acordos políticos são fechados nesses camarotes, acessíveis ao público nas visitas guiadas.

4 **Vitrais**

Os vitrais *(acima)* do saguão são impressionantes, mas não deixe de ver os dois outros do Salón Dorado, que representam cenas da mitologia grega.

5 **La Sala**

Não existe lugar ruim na plateia do Colón, onde mais de 2.500 espectadores *(dir.)*, sentados em poltronas de veludo vermelho, contam com uma acústica excelente, que só um teatro em forma de ferradura poderia oferecer.

6 **El Paraíso**

O teatro se orgulha de oferecer uma boa acústica até nos lugares mais baratos. Nele, um espaço chamado ironicamente de El Paraíso, cabem mais de 500 pessoas de pé. Uma boa visão, porém, só é garantida para os que chegarem cedo.

7 **Biblioteca**

Os formidáveis arquivos do Colón, acessíveis a todos, contêm as primeiras edições de libretos, artefatos de espetáculos passados e um rico material sobre ópera e balé. O principal atrativo é a coleção completa dos programas de espetáculos apresentados no teatro desde a inauguração, em 1908.

8 **Cúpula**

Uma cúpula de 318m^2 sobre La Sala constitui a coroa do Colón *(esq.)*. A pintura original deteriorou-se, e a que se vê hoje foi feita na década de 1960.

9 **Pasaje de los Carruajes**

No alto da escadaria do saguão existe uma estreita passagem onde, antes da popularização dos automóveis, os cocheiros das carruagens deixavam e apanhavam seus ricos passageiros.

10 **Oficinas**

Nos três subsolos do edifício são construídos os cenários e confeccionados os figurinos e acessórios de cena. Os artistas ensaiam numa réplica do palco *(dir.)*.

Um Dramático Ato de Abertura

A pedra fundamental do Colón foi lançada em 1889, mas o teatro foi inaugurado quase duas décadas depois. O arquiteto morreu durante a construção, deixando no lugar seu assistente, também morto em 1904. A essa morte seguiu-se o assassinato do diretor financeiro. Um belga herdou o projeto, introduzindo toques em estilo barroco francês. A ópera *Aída*, de Verdi, inaugurou o teatro em 1908.

TOP 10 Avenida de Mayo

Desde sua inauguração, a Avenida de Mayo foi uma enfatização ao mundo de que Buenos Aires era uma cidade cosmopolita. O bulevar em estilo parisiense, ladeado por calçadas largas, liga o Congresso Nacional à Casa Rosada, atravessado pela Avenida 9 de Julio. Embora hoje as lojas contribuam para diminuir sua grandiosidade, os edifícios da avenida são capazes de deixar de boca aberta até um ocasional amante da arquitetura. Fachadas belle époque, art nouveau e art déco, em vários estados de conservação, estão reunidas em um livro sobre a arquitetura do fim do século XIX e início do século XX. Alguns dos bares, cafés e livrarias mais antigos de Buenos Aires estão ali, enquanto no subterrâneo vagões de madeira polida trepidam ruidosamente ao longo da mais antiga linha de metrô da cidade, a linha A.

Casa de la Cultura

A avenida tem apenas treze quadras, o que propicia uma caminhada tranquila.

Faça uma parada no Café Iberia (Av. de Mayo com Calle Salta) para uma *tortilla española*.

- *Mapa E2*
- *Hotel Chile: Av. de Mayo 1297; 4381-6303*
- *Palacio Barolo: Av. de Mayo 1370; 4383-1065; www.pbarolo.com.ar*
- *Hotel Castelar: Av. de Mayo 1152; 4383-5000 ; www.castelarhotel.com.ar*
- *Café Tortoni: Av. de Mayo 825; 4342-4328; www.cafetortini.com.ar*
- *Café Los 36 Billares: Av. de Mayo 1265-71; 4381-5696*
- *Palacio Vera: Av. de Mayo 769-777; 4345-8800*
- *Teatro Avenida: Av. de Mayo 1222; 4812-6369; www.balirica.org.ar*
- *Casa de la Cultura: Av. de Mayo 575; 4323-9669*

Destaques

1. Edificio la Inmobiliaria
2. Hotel Chile
3. Palacio Barolo
4. Hotel Castelar
5. Café Tortoni
6. Café Los 36 Billares
7. Palacio Vera
8. Teatro Avenida
9. Edificio Drabble
10. Casa de la Cultura

1 Edificio la Inmobiliaria

Construído em 1910, esse famoso edifício *(acima)* da Plaza de los Dos Congresos inspirou seu projeto no movimento neorrenascentista italiano.

2 Hotel Chile

Pintado de branco e com mosaicos de azulejos azuis e dourados, o Hotel Chile *(dir.)* é entusiasticamente art nouveau. A fachada é o que ele tem de melhor.

3 Palacio Barolo

Esse edifício ornamentado, de 1923, era o mais alto da cidade até a construção do Kavanagh *(p. 34)*, em 1935. O saguão tem teto abobadado, gárgulas, piso de ladrilhos em intrincados padrões e elevador de ferro batido.

4 Hotel Castelar

Seu nome brilha elegantemente na marquise, símbolo da elegância de outras épocas. O Castelar *(acima)*, inaugurado em 1929, hospedou o poeta e dramaturgo espanhol Federico García Lorca.

5 Café Tortoni

O Tortoni *(dir.)* oferece café, tango e boa conversa. Inaugurado em 1858, é o mais antigo café de Buenos Aires, presente em qualquer discussão sobre as tradições da cidade *(p. 26)*.

6 Café Los 36 Billares

36 Billares *(esq.)* é um modelo de elegância desde 1894, com um relógio Movado, painéis de madeira e salão de bilhar. Oferece um ótimo café e aulas e espetáculos de tango.

7 Palacio Vera

No saguão desse edifício, os visitantes podem admirar os vitrais bisotados e suas formas delicadas. El Túnel e El Ventanal são duas das mais conhecidas livrarias de edições raras da cidade.

8 Teatro Avenida

O Teatro Avenida *(dir.)* foi fundado em 1908 para promover a ópera cômica espanhola, a zarzuela. Depois de um incêndio em 1979, ele foi restaurado, recuperou seu antigo esplendor e reabriu em 1994.

9 Edificio Drabble

O Edificio Drabble, de 1893, já abrigou o sofisticado hotel Chacabuco Mansions. Hoje, seus balcões e o telhado em estilo mansarda estão decadentes e revelam a volubilidade das fortunas da cidade.

10 Casa de la Cultura

A Casa de la Cultura, antiga sede do jornal *La Prensa*, é puro estilo neobarroco. No interior, o escritório do Ministério da Cultura é responsável pelo programa de eventos culturais da cidade.

Nova Avenida, Nova Atitude

A Avenida de Mayo foi o primeiro bulevar totalmente planejado de Buenos Aires, com projeto de escala e custo inimagináveis até então no continente. O prefeito Torcuato de Alvear *(p. 59)* inspirou-se na Paris da Belle Époque da década de 1880, mas, quando os edifícios começaram a ser construídos, o Art Nouveau estava na moda, o que resultou na atual estrutura.

Os não hóspedes podem aproveitar o famoso day spa do Hotel Castelar (aberto 11h-20h seg-sáb; fecha dom).

TOP 10 Museo Nacional de Bellas Artes

O extraordinário Museo Nacional de Bellas Artes foi fundado em 1896 como um projeto destinado a desenvolver o gosto pela arte na Argentina. O museu mudou-se para sua atual localização em1932, e hoje preserva mais de 12 mil obras de arte. Cerca de 800 delas fazem parte do acervo permanente, que reúne os maiores artistas da América Latina. Ali estão expostos mestres internacionais como Rubens, Rembrandt, Goya, Rodin, Monet, Renoir, Cézanne, Van Gogh, Picasso, Kandinsky, Pollock, Miró e Rothko. Entre os argentinos, destacam-se Cándido López, Antonio Berni, Benito Quinquela Martín e Guillermo Kuitca.

Cartaz do MNBA

Fachada do MNBA

Audioguias em espanhol e inglês podem ser alugados na loja de suvenires no térreo, que também tem no estoque excelentes guias do museu.

Atrás do museu, o elegante restaurante Modena Design oferece petiscos deliciosos e um cardápio completo, além de um terraço externo.

- *Mapa N3*
- *Av. del Libertador 1473*
- *4288-9900*
- *Aberto 12h30-20h30 ter-sex, 9h30-20h30 sáb-dom*
- *www.mnba.gob.ar*
- *Modena Design: Av. Figueroa Alcorta 2220/70; 4809-0567*

Destaques

1. Coleção Hirsch
2. Francisco de Goya y Lucientes
3. Artes Gráficas 1940-70
4. Têxteis Andinos Pré--Colombianos
5. Coleção Di Tella
6. Coleção Quirós
7. Arte Argentina dos Anos 1960: a Nova Figuração
8. Pátio de Esculturas
9. Coleção Mercedes Santamarina
10. Arte Argentina dos Anos 1970: Realismo

1 Coleção Hirsch

Localizada na ala dos Velhos Mestres, essa coleção apresenta artistas holandeses e flamengos dos séculos XVI e XVII, entre eles Rubens e Rembrandt; deste último, o *Retrato da Irmã Lisbeth van Rinjn (acima)* é um estudo brilhante de luz e sombra. Uma tapeçaria francesa de 1627 e um extraordinário bronze veneziano de Netuno completam o salão.

2 Francisco de Goya y Lucientes

As pinturas a óleo de Goya (1808-12) sobre as Guerras Napoleônicas mostram cenas de batalha em paisagens em preto e cinza, iluminadas apenas pelo laranja e vermelho do fogo e do sangue *(abaixo)*.

Se tiver pouco tempo, vá direto à deslumbrante mostra dos mestres modernos – vire à direita no saguão principal.

3 Artes Gráficas 1940-70

Artistas socialistas dos anos 1960 revitalizaram a gravura na Argentina. Antonio Berni é seu maior expoente. Sua criativa técnica em 3D pode ser vista em *El Matador (acima)*.

4 Têxteis Andinos Pré-Colombianos

Xales, ponchos e chapéus das culturas *nazca* (0-600 d.C.) e *chancay* (900-1476 d.C.) do atual território do Peru *(dir.)*.

5 Coleção Di Tella

Espalhada por todo o museu, essa coleção encontra sua melhor expressão nas seções dedicadas à vanguarda europeia e à arte abstrata americana.

6 Coleção Quirós

As pinturas de Cesáreo Bernaldo de Quirós idealizam o gaúcho como a última resistência contra a modernização e urbanização. *El Carnicero* e *Don Juan Sandoval, El Patrón (abaixo)* são exemplos disso.

7 Arte Argentina dos Anos 1960: a Nova Figuração

Em 1961, quatro artistas argentinos representaram a desintegração e alienação social. As formas fragmentadas de suas obras substituem a unidade pelo caos.

8 Pátio de Esculturas

Esculturas naturalistas *(dir.)* de artistas argentinos rodeiam o terraço do museu, onde os contornos de *Creced y Multiplicaos*, de Pedro Zonza Briano, emanam sensualidade.

9 Coleção Mercedes Santamarina

Obras em pastel de Degas e esculturas em bronze de Rodin são os destaques. Cerâmicas da dinastia Ming e pinturas de Renoir e Cézanne completam a coleção.

10 Arte Argentina dos Anos 1970: Realismo

Nos anos 1970, artistas argentinos abordaram os horrores dos anos da Junta Militar. *La Distancia de la Mirada*, de Segui, é um retrato da desolação, e *Los Amordazamientos*, de Heredia, expressa o terror e a censura na ausência de gritos.

Guia do Museu

As coleções permanentes estão dispostas cronologicamente nos três andares do museu. O primeiro andar exibe arte internacional da Idade Média ao século XX; o segundo andar, arte argentina dos séculos XIX e XX e arte latino-americana; o terceiro andar, fotos e esculturas. As salas do térreo, por sua vez, abrigam exposições temporárias.

Diariamente, há exibição de filmes no auditório situado no segundo andar; consulte www.mnba.gob.ar para informações.

San Telmo

Coração da Buenos Aires colonial, o adorável San Telmo é o bairro mais romântico da cidade, com suas ruas de pedra, casas coloniais, igrejas espanholas e lojas de antiguidades. O bairro foi povoado por famílias da elite que chegaram em 1871, durante um surto de febre amarela, depois do qual suas mansões foram transformadas em cortiços ou conventillos *para os imigrantes europeus pobres. San Telmo logo se tornou um cadinho de culturas, depois um bastião da classe trabalhadora e, mais tarde, um bairro boêmio, sinônimo de tango. Modernizado com a construção de sofisticados apartamentos, restaurantes e hotéis-butique, ainda preserva o seu charme.*

Ânfora antiga

Feira de rua, San Telmo

São muitos os lugares onde se pode apreciar o tango em San Telmo. El Viejo Almacén ***(p. 45)*** **e o Bar Sur (Estados Unidos 299; 4362-6086) são dois dos melhores.**

Uma ótima opção para um petisco é o Bar El Federal ***(p. 57)*****, um bar e café.**

- *Mapa F4*
- *Feira de antiguidades: aberta 10h-17h dom*
- *Museo de Arte Moderno: Av. San Juan 350; 4300-8753; www.museodearte moderno.buenosaires.gob.ar; 4342-2970*
- *Artistas de rua: Calle Defensa, entre Plaza Dorrego e Av. Belgrano*
- *Mercado de San Telmo: Calle Carlos Calvo com Bolívar*
- *Iglesia Nuestra Senora de Belén: Av. Humberto Primo 378*
- *Pasaje la Defensa: Defensa 1179*

Destaques

1. Plaza Dorrego
2. Feira de Antiguidades
3. Parque Lezama
4. Monumento del Canto al Trabajo
5. Museo de Arte Moderno
6. Artistas de Rua
7. Mercado de San Telmo
8. Balcões
9. Iglesia Nuestra Señora de Belén
10. Pasaje de la Defensa

1 Plaza Dorrego

Bem no coração de San Telmo, a pitoresca Plaza Dorrego data do período colonial e é cercada por antiquários, velhos bares de tango e cafés em tons sépia.

2 Feira de Antiguidades

Essa feira dominical de antiguidades *(esq.)* é realizada na Plaza Dorrego desde 1970. Tem desde objetos decorativos art nouveau a peças excêntricas e kitsch. Pesquise para obter uma pechincha.

3 Parque Lezama

Acredita-se que foi nesse parque *(dir.)*, popular área de lazer, que Buenos Aires foi fundada. Uma estátua do fundador da cidade, Pedro de Mendoza, ocupa o canto noroeste do parque.

O ônibus 29 liga San Telmo a La Boca. Na volta, desce a Calle Defensa e para na Plaza Dorrego (exceto dom).

4 Monumento del Canto al Trabajo

Uma robusta alegoria da classe operária, esse monumento *(acima)* mostra trabalhadores unidos no trabalho duro. A Faculdade de Engenharia fica perto.

5 Museo de Arte Moderno

No centro do cenário artístico de San Telmo, o MAMBA exibe artistas modernos argentinos, entre eles Xul Solar e Antonio Seguí.

6 Artistas de Rua

Aos domingos, grupos musicais *(acima)* enchem as calçadas da Calle Defensa, enquanto bailarinos se apresentam no meio da rua. O tango é a atração.

7 Mercado de San Telmo

Esse mercado dos anos 1890 *(abaixo)* mantém sua estrutura original. Bancas de carne e vegetais ocupam o pátio central, e bugigangas, o lado de fora.

8 Balcões

Os balcões antigos de San Telmo *(abaixo)*, de ferro batido ou com balaustradas de pedra, abrangem vários estilos. Em muitos veem-se roupas ou gaiolas de pássaros, um vislumbre da vida da classe trabalhadora em San Telmo.

9 Iglesia Nuestra Señora de Belén

Construída em 1733, essa igreja tem fachada neobarroca e torres andaluzes, acrescentadas em 1852. O interior revela as origens coloniais da igreja, com nove altares e imagens de santos.

10 Pasaje de la Defensa

Essa residência, construída para a família Ezeiza, em 1872, mais tarde tornou-se um *conventillo* que abrigava mais de 30 famílias de imigrantes. Hoje é sede de um mercado de pulgas.

A fundação de Buenos Aires

Em 1536, o explorador espanhol Pedro de Mendoza chefiou uma expedição ao rio da Prata. Construiu um povoado no Parque Lezama, que chamou de Nuestra Señora Santa María del Buen Aire. Depois de um ataque dos nativos, o povoado foi abandonado em 1541 *(p. 32)*.

Se só tiver um dia para conhecer San Telmo, escolha o domingo, quando é realizada a famosa feira de antiguidades.

TOP 10 Avenida 9 de Julio

Embora esteja tão integrada à paisagem da cidade quanto as seringueiras e as calçadas esburacadas, a Avenida 9 de Julio, uma via de 140m de largura e doze pistas de tráfego, é uma das mais novas obras públicas da cidade, tendo atingido seu atual comprimento – da Avenida Alem à Plaza Constitución – apenas em1980. Milhares foram desalojados quando as obras começaram, em 1937. Mansões e igrejas, inclusive a Catedral de San Nicolás, do século XVIII, viraram entulho. Os planejadores projetaram uma via que servisse de vitrine para a arte pública e algumas das maiores atrações da cidade. Mas o tráfego se move num ritmo perigosamente rápido, as conversas são abafadas pelo barulho e a largura da avenida dificulta a travessia de pedestres.

Calle Lavalle

Faça um desvio na Calle Arroyo para dar uma olhada nessa que é a mais sofisticada rua do Retiro.

Delicie-se com uma taça de vinho na Malbec na Winery *(Av. del Libertador 500; 4325-5200).*

- *Mapa P6*
- *Embaixada da França: Calle Cerrito 1399; 4515-7030; abre 10h30-17h ter-sex, 13h30-18h sáb-dom*
- *Estación Constitución: Calle Lima com Calle Brasil; 4304-3165; abre 24 horas; atenção com câmeras e bolsas*
- *Museo de Arte Hispanoamericano: Calle Suipacha 1422; 4327-0272; aberto 14h-19h ter, 11h-19h sáb-dom; entr. AR$1 (grátis qui); www.museos.buenos-aires.gov.ar/mifb.htm*

Destaques

1. El Obelisco
2. Embaixada da França
3. Teatro Colón
4. Estátua de Dom Quixote
5. Ex-Ministério de Obras Públicas
6. Estación Constitución
7. Calle Lavalle
8. Museo de Arte Hispanoamericano Isaac Fernández Blanco
9. Mansión Alzaga Unzué
10. Plazoleta Cataluña

1 El Obelisco

Esse monumento *(dir.)* celebra o 400º aniversário da fundação da capital e é local de concertos, espetáculos e comícios.

2 Embaixada da França

Condenado à demolição pelo projeto original da avenida, o bonito edifício belle époque de 1913, que abriga a Embaixada da França *(acima)*, foi poupado após protestos.

3 Teatro Colón

O Colón *(dir.)* é uma maravilha da engenharia, com seus maravilhosos balcões de ferro batido e seus deslumbrantes vitrais *(pp. 12-3)*.

4 Estátua de Dom Quixote

O grandioso anti-herói de Miguel Cervantes, Dom Quixote, é capturado a meio galope nesse bronze sobre um pedestal de pedra branca.

5 Ex-Ministério de Obras Públicas

Esse maciço edifício federal de 1936 foi a única construção da avenida poupada de demolição além da Embaixada da França.

6 Estación Constitución

Depois de seis anos de restauração, esse prédio de 1887, no estilo beaux arts *(acima)*, é a maior estação de trem da cidade.

7 Calle Lavalle

A parte leste da Lavalle está cheia de salões de bingo, cinemas que exibem reprises e restaurantes baratos. Tem um certo charme espalhafatoso, especialmente à noite.

8 Museo de Arte Hispanoamericano Isaac Fernández Blanco

Essa mansão neocolonial *(acima)* abriga a coleção Fernández Blanco de arte eclesiástica colonial da América Latina.

9 Mansión Alzaga Unzué

A mansão *(esq.)*, em estilo Luís XIII, foi construída em 1919 para uma família aristocrática portenha e hoje é um anexo do Four Seasons Hotel *(p. 112)*.

10 Plazoleta Cataluña

A Plazoleta Cataluña se distingue por uma fonte no estilo das Ramblas, presente da cidade de Barcelona, e pela pintura em *trompe l'oeil* no estilo francês.

Um Passeio pela Avenida

Comece no Obelisco e vá na direção norte até a Carlos Pellegrini. Faça uma visita guiada do Teatro Colón, seguida de um doce da confeitaria Petit Colón *(p. 57)*. Caminhe até a Embaixada da França e dali à Plaza Cataluña, antes de tomar o rumo da Recoleta pela Avenida Alvear.

TOP 10 Museo de Arte Latinoamericano de Buenos Aires (MALBA)

Quase concomitante com o colapso da economia argentina, um novo pilar da cultura nacional surgiu em Palermo Chico. Desde setembro de 2001, a Coleção Costantini, um tesouro nômade de mais de 500 valiosas obras de arte latino-americanas, encontrou residência fixa na moderna instituição conhecida como MALBA. Assim como o Museu de Arte Moderna de Nova York, o edifício tem sido acusado de diminuir suas pinturas, esculturas e fotos. No entanto, os que visitam a coleção permanente ou assistem a um filme de arte aprovam as dimensões intimistas do museu.

A fachada do MALBA

Visitas guiadas em inglês estão disponíveis para grupos, desde que agendadas com antecedência.

O restaurante do MALBA serve um cardápio internacional em um ambiente iluminado e moderno. A praça de alimentação do Paseo Alcorta *(p. 39)* oferece muitas opções para almoço.

- *Mapa M2*
- *Av. Figueroa Alcorta 3415 • 4808-6500*
- *Aberto 12h-20h qui-seg, 12h-21h qua; fechado ter*
- *Restaurante do MALBA abre 9h-21h dom-qua, 9h-13h qui-sáb*
- *Entr. AR$50 (AR$25 qua)*
- *www.malba.org.ar*

Destaques

1. Loja do MALBA
2. Xul Solar – *Pareja* (1923)
3. Pablo Curatella Manes – *El Acordeonista* (1922)
4. Antonio Seguí – *La Distancia de la Mirada* (1976)
5. Cine MALBA
6. Guillermo Kuitca – várias obras
7. Fernando Botero – *Los Viudos* (1968)
8. Antonio Berni – *Manifestación* (1934)
9. Ernesto Deira – *9 Variaciones sobre un Bastidor bien Tensado* (1965)
10. Frida Kahlo – *Autoretrato con Chango y Loro* (1942)

1 Loja do MALBA

A loja de suvenires do MALBA oferece os cartões-postais e livros de sempre, mas tem de diferente os bonecos de pelúcia, estatuetas de vaquinhas de couro e bricabraque *(abaixo)*.

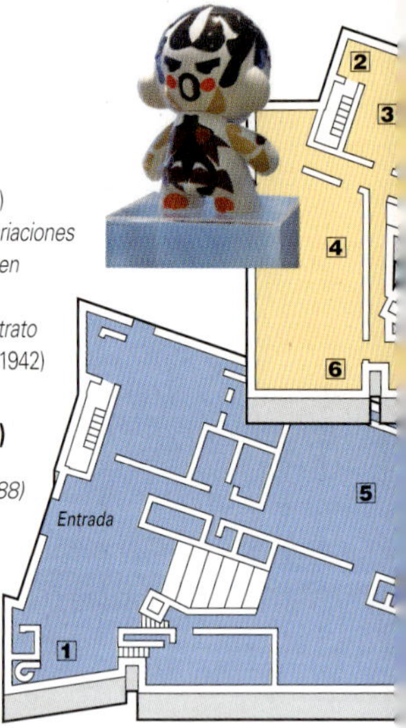

2 Xul Solar – *Pareja* (1923)

Desmedidamente imaginativo, Solar *(p. 88)* teve o auge de seu talento com Pareja *(abaixo)*. O ardor e a luminosidade de suas obras lhe valeram comparações com mestres europeus.

3 Pablo Curatella Manes – *El Acordeonista* (1922)

Esse escultor do século XX foi amigo do padrinho do Cubismo, Juan Gris, quando viveu em Paris na década de 1920. A influência é sentida em *El Acordeonista*.

5 Cine MALBA

De quinta a domingo, os cinéfilos acorrem ao MALBA para assistir a filmes de arte, clássicos cult e filmes argentinos *(esq.)* A programação inclui comédias de Abbot e Costello em meio aos filmes cabeça de Jean-Luc Godard.

4 Antonio Seguí – *La Distancia de la Mirada* (1976)

Antonio Seguí, original de Córdoba, injeta um toque de humor em seus grafites e pinturas a óleo, que sem isso seriam terríveis. Sobre um fundo de planos cinza, um homem olha a paisagem de costas para o observador.

6 Guillermo Kuitca – Várias obras

Convidado do pavilhão argentino da Bienal de Veneza de 2007 e tendo trabalhado sobre uma grande variedade de meios, Kuitca é muito famoso no cenário artístico contemporâneo *(abaixo)*.

Legenda

- Primeiro andar
- Segundo andar
- Terceiro andar

7 Fernando Botero – *Los Viudos* (1968)

Fernando Botero talvez seja conhecido por sua polêmica série de pinturas sobre Abu Ghraib, mas seu legado são as figuras rotundas de *Los Viudos* e obras semelhantes.

8 Antonio Berni – *Manifestación* (1934)

Berni foi um importante proponente do Realismo social. Evidente em *Manifestación* *(abaixo)* é seu anterior interesse pelo Surrealismo.

9 Ernesto Deira – *9 Variaciones sobre un Bastidor bien Tensado* (1965)

Ocupando nove telas que cobrem uma parede, essa obra tem um subtexto que exalta e questiona o caos.

10 Frida Kahlo – *Autoretrato con Chango y Loro* (1942)

O Surrealismo mexicano está representado nesse autorretrato que contém dois temas preferidos de Kahlo: pássaros e macacos.

A Nova Vanguarda Argentina

Paradoxalmente, o período que se seguiu à crise econômica de 2001-02 assistiu a um crescimento comercial da arte de Buenos Aires. Artistas se refugiaram em casas e armazéns decrépitos de La Boca, Almagro e Barracas para produzir uma resposta estética – em geral em multimídia e arte digital – ao caos que se instalava no país.

O MALBA pode ser visitado em uma tarde.

TOP 10 Colonia del Sacramento, Uruguai

Nem o mais largo delta de rio nem uma fronteira real conseguem distanciar Colonia del Sacramento, ou simplesmente Colonia, da órbita de Buenos Aires. Modernos barcos partem de Puerto Madero e transportam os passageiros para o Uruguai. A moeda local é o uruguayo – apesar de ainda bastante aceitos, os pesos argentinos não circulam mais livremente. É o contraste entre Buenos Aires e essa antiga fortificação portuguesa fundada em 1680, hoje Patrimônio da Humanidade reconhecido pela Unesco, que faz Colonia merecer uma visita. Embora o rio da Prata não seja visível de Buenos Aires, ali ele está em toda parte, lambendo praias arenosas, refletindo o farol que é símbolo da península e engolindo o sol poente.

El Portón de Campo

Chegue ao terminal de barcos de Puerto Madero no mínimo uma hora antes da partida, porque as filas de check-in podem ser enormes, principalmente nos fins de semana.

A comida é boa em praticamente todo o centro histórico, mas quem quiser um cardápio e uma decoração tão ecléticos como em Palermo Viejo deve escolher El Drugstore *(p. 99).*

- *Mapa B4*
- *Museus: abertos 11h15-16h45 diariam; passe para os museus: 50 pesos uruguaios, que pode ser adquirido no Museo Municipal, na Plaza Mayor. Dá acesso aos oito museus de Colonia. A visita ao farol não está incluída no passe.*

Destaques

1. Plaza Mayor
2. Museu Português
3. El Faro e Convento de San Francisco
4. Real de San Carlos
5. Casa Nacarello
6. Playa Ferrando
7. Igreja Matriz
8. Calle de los Suspiros
9. El Portón de Campo
10. Rambla Costanera

1 Plaza Mayor

A Plaza Mayor *(acima)* tem palmeiras imponentes e bandos de papagaios. Cercada por muitos museus, é um ótimo ponto de partida para explorar as ruas de pedra da península.

2 Museu Português

Essa casa de dois andares de 1720 contém o legado de Portugal em Colonia. Tem replicas de cartas de navegação do século XVI, uniformes da época e uma curiosa exposição sobre o papel do delta no comércio de escravos africanos, além de artefatos do período.

3 El Faro e Convento de San Francisco

O farol de 1857 *(abaixo)* consegue a façanha de incorporar as ruínas de um convento do fim do século XVII.

Para passeios na praia ou visita ao Real de San Carlos, tome um ônibus ABC na Av. General Flores. Você também pode ir de táxi ou de scooter.

4 Real de San Carlos

Esse é o esqueleto de um antigo e grandioso complexo de lazer. A praça de touros em estilo mourisco *(acima)*, o cassino e as docas são hoje apenas ruínas.

5 Casa Nacarello

Essa casa *(dir.)* é uma típica residência portuguesa de meados do século XVIII e está cheia de originais e réplicas de móveis do período. A cozinha da casa é impressionante.

6 Playa Ferrando

A leste do centro fica a praia Ferrando, a mais agradável da região, com árvores que dão boa sombra e uma churrasqueira próxima. Para chegar, a melhor opção é alugar uma *scooter*, mas um táxi custa só US$5.

7 Igreja Matriz

Construída em 1680, a mais antiga igreja do Uruguai *(abaixo)* é notável por sua fachada simples de estuque e suas cúpulas gêmeas, ambas cobertas por um belo mosaico de azulejos italianos.

8 Calle de los Suspiros

As ruas estreitas que saem da Plaza Mayor em direção à praia são muito pitorescas, especialmente a Calle de los Suspiros, ou Rua dos Suspiros.

9 El Portón de Campo

Esse arco erguido pelos portugueses em 1745 é a única construção remanescente da fortificação original. Exibe uma forma quase medieval.

10 Rambla Costanera

Essa rua *(esq.)* beira a praia, permitindo a vista das ilhas adjacentes. As rochas abaixo são o local ideal para um piquenique, e a elas se tem acesso por duas escadas que saem da Costanera.

Como Chegar

Buquebus, a empresa que administra o serviço mais frequente de barcos para Colonia, tem um terminal moderníssimo na ponta norte de Puerto Madero (Av. Antártida Argentina 821; 4316-6500; www.buquebus.com). Velozes catamarãs fazem a viagem em menos de 1 hora, mas não permitem a presença de passageiros no convés. Para uma travessia mais descontraída (e longa, dura 3 horas), tome o *Eladia Isabel*, um barco confortável que permite o acesso ao convés.

Os relógios de Colonia estão uma hora à frente dos de Buenos Aires no verão.

TOP 10 Tango

Apaixonada, intensa, cheia de sentimento, nada resume melhor a vibrante Buenos Aires quanto a música que nasceu aí, o tango. A maior parte dos historiadores estabelece sua origem na década de 1880, quando, às margens do Riachuelo, em La Boca, imigrantes mediterrâneos, da África ocidental e do leste da Europa dançavam, cantavam e tocavam guitarra nos bordellos *do bairro. Mas isso foi muito antes que o tango cativasse os salões de Buenos Aires e, mais tarde, das capitais da Europa, incorporando instrumentos como o piano e o* bandoneón, *assim como floreados passos de dança. Hoje, o tango é considerado uma invenção totalmente portenha. Sinta a tradição e a herança do tango na forma como ele evoluiu na cidade nos últimos 120 anos.*

Músicos de tango

- *Confitería Ideal: Mapa Q6; Calle Suipacha 382; 5265-8069*
- *Café Tortoni: Mapa Q6; Av. de Mayo 825; 4342-4328*
- *La Nacional: Mapa D2; Calle Adolfo Alsina 1465, 4307-0146*
- *Zival's: Mapa N6; Av. Callao 395; 4371-6978*
- *Botica del Angel: Mapa D2; Calle Luis Saénz Peña 541; 4384-9396*
- *Chiquín: Mapa Q6; Calle Perón 920; 4394-5004*
- *Piazzolla Tango: Mapa Q6; Calle Florida 165; 4344-8201*
- *Mansión Dandi Royal: Mapa E3; Calle Piedras 922; 4361-3537*
- *Cemitério La Chacarita: Calle Guzmán 680; 4553-9338*
- *Comme il Faut: Mapa P5; Calle Arenales 1239; 4815-5690*

Destaques

1. Confitería Ideal
2. La Nacional
3. Café Tortoni
4. Zival's
5. Botica del Angel
6. Chiquín
7. Piazzolla Tango
8. Mansión Dandi Royal
9. Cemitério La Chacarita
10. Comme il Faut

1 Confitería Ideal

Um tanto negligenciada, e exatamente por isso mais evocativa e romântica, a centenária Confitería Ideal *(abaixo)* continua sendo um dos salões mais vibrantes da cidade, com aulas de tango no andar superior, músicos excelentes e um ótimo café.

2 La Nacional

A concorrida milonga das quartas-feiras – a noite do tango nesse velho clube social italiano reformado em Monserrat *(dir.)* – recuperou o aspecto comunitário da dança. A casa atrai tanto os dançarinos jovens quanto os mais velhos.

3 Café Tortoni

O Café Tortoni *(centro)* foi o "escritório" dos compositores, cantores e dançarinos de tango no apogeu dos anos 1920. Até hoje, continua sendo um local agradável para dançar e ouvir orquestras de tango ao vivo.

Cheque com as casas os horários de funcionamento.

4 Zival's

Não há dúvida: se um disco de tango existe, provavelmente será encontrado na Zival's *(acima)*. Apesar da disposição confusa, a loja atende com a mesma paixão tanto clientes que nunca viram um *bandoneón* quanto aficionados de uma vida toda.

Botica del Angel 5

Esse excêntrico museu de Montserrat *(dir.)* tem pequenas alcovas e salas lotadas de artigos relacionados ao tango, bregas e chiques.

6 Chiquín

Gardel *(p. 28)* já foi o centro de atenções nessa casa, fundada em 1905. Hoje, o Chiquín oferece jantar e show de tango todas as noites.

7 Piazzolla Tango

O mais ousado compositor moderno de tango empresta seu nome a esse restaurante e casa de tango de luxo na Galería Güemes *(p. 39)*.

8 Mansión Dandi Royal

O mais peculiar hotel da cidade, a Mansión Dandi Royal tem três salões de dança, onde as milongas *(acima)* são abertas a não hóspedes. Seus quadros e móveis evocam os dias de glória do tango.

Solo Tango TV

Qualquer pessoa com acesso à internet pode curtir o Solo Tango, um canal dedicado a músicas, filmes e lendas do tango. Seus arquivos são enormes e contam com todos os nove filmes de Gardel. Os espectadores podem sintonizar e ver Carlitos vivendo romances em cidades estrangeiras, estâncias e salões de baile aristocráticos *(www.tangocity.com; Channel 71 na CableVision)*.

9 Cemitério La Chacarita

Figuras lendárias como Carlos Gardel *(esq.)* e Osvaldo Pugliese estão enterradas ali. Vale a visita pela tradição de La Chacarita, onde se pode deixar um cigarro aceso na mão da estátua de Gardel.

Comme il Faut 10

Comme il Faut *(dir.)* é famoso entre os amantes do tango de todo o mundo como o melhor fornecedor de calçados de tango de Buenos Aires. A equipe pode providenciar ajustes.

Veja mais sobre casas de tango nas **pp. 44-5**.

Gotan Project; Astor Piazzolla

TOP 10 Artistas do Tango

1 Carlos Gardel (1890-1935)
"Carlitos" será sempre o embaixador do tango. O portenho de chapéu fedora deu origem a centenas de histórias de amor perdido, troca de socos e disputas por mulheres. O 75º aniversário de sua morte foi comemorado em quatro países: Argentina, Colômbia, França e Uruguai.

2 Astor Piazzolla (1921-92)
Talentoso compositor, Piazzolla levou o tango à era do jazz ao criar o estilo tango-jazz com seu quinteto, conquistando os mestres do *bebop* para o tango. A melancólica *Adiós Nonino* é a mais famosa composição de Piazzolla.

3 Juan Carlos Copes (n. 1931)
Influente coreógrafo, Copes é responsável por levar a teatralidade para os espetáculos de tango: o cais como cenário, duelos a faca e encontros clandestinos em bordéis.

4 Aníbal Troilo (1914-75)
"Pichuco," apelido pelo qual o chamavam seus fãs e seus companheiros músicos, era um verdadeiro gênio do *bandoneón*, o instrumento que marca os intricados passos do tango.

5 Osvaldo Pugliese (1905-95)
As apresentações do pianista e compositor Pugliese e suas orquestras eram transmitidas pela Radio Mundo, a rádio estatal que levou sua música e seus sentimentos comunistas ao conhecimento da nação no governo de Perón *(p. 33)*.

6 Horacio Ferrer (n. 1933)
Ferrer documentou a história e as formas do tango em seus livros, mas suas letras lendárias – surreais e floreadas como as composições de Piazzola para as quais eram escritas – são seu verdadeiro legado.

7 Azucena Maizani (1902-70)
Usando às vezes roupas masculinas como seus colegas, Azucena foi uma ousada intérprete de *canciones* de tango nos anos 1920 e 1930, contracenando com Gardel em filmes e apresentando-se em turnês que chegaram a Nova York.

Um show de Juan Carlos Copes na Sorbonne

Destaques

1. La Cumparsita
2. Por una Cabeza
3. Mi Noche Triste
4. Silencio
5. El Carretero
6. Tomo y Obligo
7. Mi Buenos Aires Querido
8. Volvió una Noche
9. El Día que me Quieras
10. Guitarra Guitarra Mía

La Cumparsita

Para decepção dos portenhos, o tango mais famoso, *La Cumparsita*, nasceu em Montevidéu, no Uruguai, onde, em 1917, um anônimo estudante de arquitetura entregou a partitura ao regente de uma banda local. Só mais tarde, ao ouvir sua composição quando estava em Paris, o estudante entendeu que tinha feito uma loucura: vendera os direitos da música por apenas 20 pesos.

O Mito Gardel

Carlos Gardel talvez não figure com o mesmo destaque de Edith Piaf ou Al Jolson entre os cantores do início do século XX, mas é objeto de um culto entre os argentinos que daria vergonha aos adoradores de Elvis. Gardel combina letras sobre traição, embriaguez e Buenos Aires com os floreios da guitarra. Alguns afirmam que ele nasceu em 1890 em Toulouse, na França, com o nome de Charles Romuald Gardès, mas outras fontes alegam que ele nasceu em solo uruguaio. Indiscutível é o lugar onde foi criado, o bairro de Abasto, em Buenos Aires, onde vendedores ambulantes e vigaristas serviram de inspiração para suas canções. As plateias europeias, conquistadas pelo charme de Gardel, ajudaram a legitimar o tango aos olhos da elite portenha. Gardel morreu em um desastre de avião em 1935, uma tragédia que serviu para alimentar a lenda.

Cartaz com a foto do astro do tango, Carlos Gardel

8 Casimiro Aín (1882-1940)

Gardel não teria seduzido a Europa se o bailarino Casimiro Aín não estivesse em Paris em 1904, onde esse filho de leiteiro de Buenos Aires cativou plateias com um tipo de arte até então desconhecida que ele chamava de "tango *criollo*". Numa visita posterior a Paris, Aín conseguiu convencer os arcebispos de que o tango não era uma dança do pecado.

9 Carlos Saura (n. 1932)

O diretor e coreógrafo espanhol Carlos Saura é mais famoso por sua trilogia de filmes sobre o flamenco – entre eles *Carmen*, de 1983, estrelado pelo gênio do flamenco Antonio Gades –, mas seu filme altamente conceitual e controverso de 1998, *Tango*, foi exibido internacionalmente e contribuiu para o renascimento da dança em todo o mundo.

10 Gotan Project

O Gotan Project é um trio de boêmios formado por um argentino, um francês e um suíço intérpretes do tango eletrônico, que funde *sampling* e *beats* do hip-hop e do dub com vocais ardentes e *bandoneón*. Seu primeiro álbum, *La Revancha del Tango*, é sua principal obra. O nome do grupo deriva do lunfardo, a gíria portenha, que inverte as sílabas da palavra "tango".

Arte
Latinoamericano
Douglas Gordon
Timeline | Línea de tiempo

Mónica Girón

O bombardeio da Plaza de Mayo; Rebeliões de dezembro

TOP 10 Momentos da História

1 1536: Pedro de Mendoza Chega à Nova Terra

Chefiando uma expedição de 1.200 homens, o espanhol Pedro de Mendoza navegou pelo rio da Prata e fundou o povoado de Nuestra Señora Santa María del Buen Ayre. Em 1541, com a população morrendo de fome e sob o ataque dos índios nativos *querandís*, o povoado foi abandonado.

2 1810: Revolução de Maio

Buenos Aires liderou a luta pela independência do domínio espanhol. Em 25 de maio de 1810, o vice-rei espanhol foi expulso por uma junta revolucionária. O general José de San Martín liderou a guerra que se seguiu, que terminou em 1816 com a declaração de independência.

3 1877: Primeiro Embarque de Carne Congelada para a Europa

O advento dos navios frigoríficos transformou a Argentina em uma das nações mais ricas do mundo. O crescimento econômico propiciou uma reformulação da capital segundo modelos europeus. Foram construídos parques, *plazas* e mansões, que fizeram de Buenos Aires "a Paris da América do Sul".

4 1917: Carlos Gardel Grava *Mi Noche Triste*

Desde a década de 1890, o tango era a música dos cortiços. Em 1916, Gardel gravou o primeiro tango cantado e isso mudou. Gardel tornou-se um astro internacional e levou o tango aos salões de Paris.

5 1952: Morre Eva María Duarte de Perón

Em 1946, Juan Domingo Perón revolucionou a Argentina, contando com o apoio da população urbana pobre para forjar um novo movimento político de poder hegemônico. Sua segunda mulher, Evita, foi fundamental para a sua popularidade e alcançou a condição de santa entre os pobres. Sua morte, em 1952, provocou tal comoção nacional que o funeral se estendeu por quatro dias.

Eva Perón e o presidente Juan Domingo Perón

6 1955: A Plaza de Mayo é Bombardeada

Depois de 1952, o regime de Perón entrou em declínio. Sedes dos partidos de oposição foram destruídas, jornais fechados e a Igreja Católica atacada. Em 1955, Perón ameaçou seus opositores com uma guerra civil.

Nas páginas anteriores, **Espaço de exposições do MALBA**

Diego Maradona

Durante a Revolução Libertadora, a força aérea bombardeou a Plaza de Mayo antes de depor Perón.

7 1983: A Volta da Democracia

A ditadura militar de 1976-83 foi brutal na Argentina. As guerrilhas de esquerda foram eliminadas e os suspeitos eram presos, levados para campos secretos de tortura e mortos. A derrota do país na Guerra das Malvinas, em 1982, precipitou a volta do governo civil.

8 1986: A Conquista da Copa do Mundo

A vitória da Argentina na Copa de 1986 trouxe glória à nação que lutava para curar as feridas da ditadura militar. E produziu um ícone nacional: Diego Maradona *(p. 58)*.

9 1992: A Embaixada de Israel é Bombardeada

O bombardeio da Embaixada de Israel em Buenos Aires deixou 29 mortos. Em outro ataque, em 1994, a Asociación Mutual Israelita Argentina (AMIA), centro cultural judaico, morreram 87 pessoas.

10 2001: Rebeliões de Dezembro

Na década de 1990, a Argentina estava arrasada pela dívida externa e pela moratória de 2001. Restrições a saques bancários revoltaram a população. O presidente Fernando de la Rúa renunciou depois que 27 pessoas morreram.

10 Maiores Figuras Literárias

1 Domingo Faustino Sarmiento (1811-88)

Autor do que é considerado o primeiro romance argentino: *Facundo*.

2 José Hernández (1834-86)

Autor do poema épico *Martín Fierro*.

3 Victoria Ocampo (1890-1979)

Essa intelectual feminista foi fundadora do jornal literário *Sur*.

4 Jorge Luis Borges (1899-1986)

Considerado o melhor escritor da Argentina, autor de *Santa Evita* e *O romance de Perón*.

5 Ernesto Sábato (1911-2011)

Escreveu *O túnel* e *Nunca mais*, relatório sobre os desaparecidos durante a ditadura de 1976-83.

6 Julio Cortázar (1914-84)

Romancista experimental, é autor do famoso *O jogo da amarelinha*.

7 Adolfo Bioy Casares (1914-99)

Um gigante da literatura, sua obra mais famosa é *A invenção de Morel*.

8 Jacobo Timerman (1923-99)

Autor de *Prisioneiro sem nome* e *Cela sem número*, relato autobiográfico sobre sua prisão e tortura durante a "Guerra Suja".

9 Manuel Puig (1932-90)

Autor de romances populares como *O beijo da mulher-aranha* e *Maldición Eterna a Quien Lea Estas Páginas*.

10 Tomás Eloy Martínez (1934-2010)

Escreveu os romances históricos *Santa Evita* e *O romance de Perón*.

A agência de turismo Eternautas (p. 105) *promove excursões históricas e literárias (www.eternautas.com).*

Canal 7; Biblioteca Nacional; Automóvil Club Argentino

TOP 10 Edifícios Notáveis

1 Kavanagh
Uma sentinela do Art Déco, o Kavanagh é um dos endereços mais exclusivos de Buenos Aires. Era o edifício mais alto do continente na época de sua inauguração, em 1936. Sua forma triangular, separando duas ruas, é uma raridade. *Mapa Q5 • Calle Florida 1065*

2 Palacio de las Aguas Corrientes
Esse palácio vitoriano abriga um dos mais curiosos museus de Buenos Aires, cheio de torneiras de bronze, vasos sanitários e outras relíquias do início do século XX. A entrada da Avenida Córdoba tem motivos vegetais em terracota. *Mapa N5 • Calle Riobamba 750 • 6319-1104 • Aberto 9h-13h seg-sex • Visitas guiadas grátis (em espanhol): 11h seg, qua e sex.*

3 Palacio Barolo
Um edifício altamente simbólico, o Palacio Barolo inspirou-se na *Divina comédia* de Dante em seus 100m de altura, o número de cantos da obra. E seus 22 andares correspondem ao número de versos da maioria dos cantos. A arcada do saguão tem cabeças de dragão e motivos infernais *(p. 14)*.

4 Biblioteca Nacional
A maior obra arquitetônica de Palermo Chico é a principal biblioteca da Argentina. Essa instituição de 3 milhões de volumes foi concluída em 1992, três décadas depois do início da obra. Traga um documento com foto para ter acesso à área de leitura, que oferece uma vista espetacular. *Mapa N3 • Plaza Rubén Dário, Calle Agüero 2502 • 4808-6000 • Aberta 9h-21h seg-sex, 12h-19h sáb-dom • www.bn.gov.ar*

5 Banco Hipotecario Nacional
Essa é a mais confusa fachada da cidade. As paredes de concreto, esburacadas como um queijo suíço, são uma fiel representação da arquitetura brutalista do início dos anos 1960. *Mapa Q6 • Calle Reconquista 101*

6 Confitería El Molino
Em frente ao Congresso encontra-se essa elegante relíquia da cultura do café, lamentavelmente fechada desde a década de 1990. Assim chamada por causa de sua forma de moinho que lembra o

Palacio Barolo

Moulin Rouge, El Molino também foi uma famosa casa de tango e tem muitos de seus vitrais italianos intactos. ✆ *Mapa D1 • Av. Rivadavia com Callao*

Floralis Genérica

7 Automóvil Club Argentino

A sede do Automóvil Club é um dos maiores exemplos do estilo arquitetônico oficialista, projetado pelo arquiteto Alejandro Bustillo. No térreo há uma pequena coleção de carros antigos, alguns de valor histórico.
✆ *Mapa N3 • Av. del Libertador 1850 • 4808-4028 • Aberto 9h-18h seg-sex • www.aca.org.ar*

8 La Rural

Esse centro de convenções é um pedaço da vida dos pampas em Palermo desde 1878. Sua feira agrícola anual *(p. 42)* atrai expositores e público de todo o país. Outros eventos também acontecem ali, como a BA Fashion Week; a Arte BA, uma feira de arte contemporânea, e a exposição Vinos & Bodegas. ✆ *Mapa L2 • Av. Sarmiento 2704 • 4777-5500 • www.larural.com.ar*

9 Canal 7

A cobertura dos estúdios da emissora de televisão mais conhecida da cidade é aberta ao público. O jardim de concreto Bauhaus apresenta um contraponto à riqueza luxuriante da Plaza de Uruguay, do outro lado da avenida. Dê uma olhada no interior, porque artistas argentinos emergentes às vezes expõem suas obras no saguão de entrada.
✆ *Mapa N3 • Av. Figueroa Alcorta 2977 • 4808-2500 • Aberto 10h-18h seg-sex • www.tvpublica.com.ar*

10 Floralis Genérica

O escultor argentino Eduardo Catalano instalou a Floralis em 2002, trazendo a arte pública portenha à era da informação. A flor de alumínio e aço "floresce" às 8h e fecha suas enormes pétalas ao anoitecer, exceto nos feriados, quando a Floralis permanece aberta por 24 horas.
✆ *Mapa N3 • Plaza Naciones Unidas, Av. Figueroa Alcorta com Calle Austria*

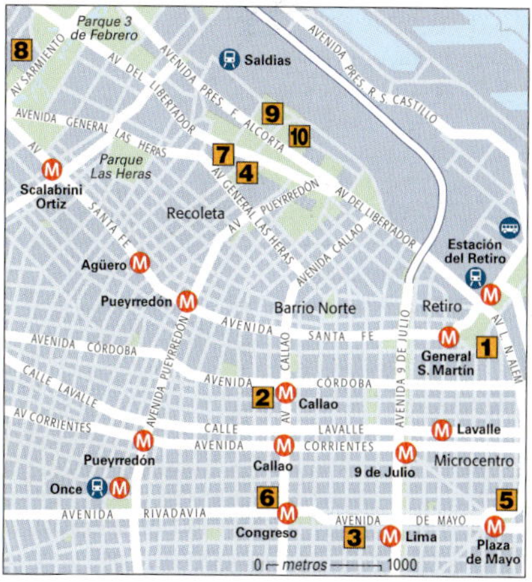

Plaza Lavalle; Parque Las Heras

TOP 10 Praças e Áreas Verdes

1 Plaza Rodríguez Peña

No outono, as adoráveis flores das árvores de jacarandá cobrem a praça de um belo tom de violeta. É uma visão pitoresca, a apenas uma quadra do barulhento cruzamento das avenidas Santa Fe e Callao e um refúgio perfeito para uma pausa na agitação das compras. *Mapa N5 • Barrio Norte*

2 Plaza Lavalle

Uma das mais antigas praças da cidade, a Plaza Lavalle fica em frente a edifícios importantes, entre eles o Teatro Colón *(pp. 12-3)* e o Palacio de Justicia (Supremo Tribunal do país). A maior sinagoga da cidade, o Templo Libertad, ocupa o canto nordeste da praça.

Mapa P5 • Barrio Norte

3 Plaza San Martín

Assim chamada em honra do grande libertador da Argentina, o general San Martín, essa praça monumental é ocupada nos fins de semana por funcionários de escritórios em trajes de banho e casais de namorados. No centro ergue-se uma magnífica seringueira de 200 anos, a leste da qual se estende um amplo terraço com vista para o Retiro. Um memorial aos soldados argentinos mortos na Guerra das Malvinas de 1982 e uma efígie de bronze do general San Martín completam essa praça *(p. 81)*.

4 Plaza Vicente López

Essa bela praça lembra as elegantes praças de Paris e Londres. É difícil imaginar que já foi terreno de despejo das carcaças sangrentas do matadouro da Recoleta. Cruzada por caminhos, cheia de árvores tropicais e do canto dos pássaros, e gramados bem-conservados, é a praça ideal para leitores. Há também uma área de recreação infantil.

Mapa P4 • Recoleta

5 Jardín Botánico Carlos Thays

Selvagem e maravilhoso, o jardim botânico da cidade mistura arte de alto nível e natureza verdejante. Inaugurado em 1898 e projetado pelo arquiteto paisagista francês Carlos Thays, o jardim contém mais de 5.500 espécies de plantas de todos os continentes. Em meio às plantas, estátuas e fontes clássicas.

Mapa L3 • Palermo

Jardín Botánico Carlos Thays

Assista a um show de tango à sombra das árvores do Jardín Botánico, onde são realizados eventos culturais grátis nos fins de semana.

6 Plazoleta Carlos Pellegrini

O centro dessa praça é ocupado por um impressionante monumento de mármore e bronze do ex-presidente Carlos Pellegrini. Obra feita em 1914 pelo escultor francês Félix Coutan, mostra Pellegrini ladeado por alegorias do progresso e da indústria, e protegido de cima pela figura da República.
Mapa P4 • Recoleta

Plaza Serrano

7 Parque Las Heras

No coração de Palermo, o Parque Las Heras é um oásis de frescor. Na ponta norte, uma encosta gramada desce em direção à Avenida Las Heras, local favorito dos adoradores do sol portenhos. *Mapa M3 • Palermo*

8 Plaza Mitre

Essa praça em declive voltada para a Avenida Libertador oferece uma linda vista do parque da Recoleta até o Retiro. No alto foi erguido um monumento a Bartolomé Mitre, primeiro presidente da República Argentina, em 1862, e fundador do jornal *La Nación*. Esculturas alegóricas decoram seu pedestal. *Mapa N4 • Recoleta*

9 Plaza Francia

Na frente do Cemitério de La Recoleta, a Plaza Francia abriga a maior feira de arte e artesanato da cidade, frequentada aos sábados e domingos por artistas e artesãos, hippies e neo-hippies, artistas de rua e turistas. Lotada entre 15h e 18h, é um dos melhores programas vespertinos gratuitos da cidade.
Mapa P3 • Recoleta

10 Plaza Serrano

A Plaza Serrano, que se chama oficialmente Plaza Julio Cortázar, fica no centro de Palermo Viejo. Pequena e circular, abriga uma feira de arte nos fins de semana, onde os artistas exibem e vendem suas obras. É cercada por bares interessantes, lojas de roupas descoladas e ateliês de artistas. Ideal para uma tarde e um drinque ao pôr do sol. *Mapa K3 • Palermo*

A maioria das áreas verdes da cidade abre de 10h-19h diariam.

Casa López; Fachada da Plata Lappas; El Boyero

TOP 10 Lojas de Artesanato Argentino

1 Arandú

Além de equipar a família toda com os melhores paramentos dos temas gaúcho, polo e equestre, essa loja elegante oferece grande variedade de artigos de couro, desde diários e bolsas até selas. Há também joias em prata ricamente trabalhadas, artesanatos têxteis e malas. *Mapa P5 • Calle Paraguay 1259 • 4816-3689 • Aberta 9h30-20h30 seg-sex; 9h30-13h30 sáb*

2 Mission

Resistindo à invasão das butiques e restaurantes da moda na Plaza Serrano, a Mission é puro pampa. Tapetes de couro de vaca em patchwork podem ser feitos sob encomenda, e a loja ainda dispõe de móveis e bolsas de couro e conjuntos de facas no estilo gaúcho. *Mapa K3 • Pasaje Russel 5009 • 4832-3285 • Aberta 11h-19h diariam*

3 Casa López

Para muitas portenhas, a Casa López é a única opção para a compra de bolsas. Elegantes bolsas feitas à mão são oferecidas em uma ampla variedade de modelos. Três portas adiante, no nº 658, você encontra roupas luxuosas de couro: de saias e jaquetas a casacos longos. *Mapa Q5 • Calle Marcelo T. de Alvear 640 • 4311-3044 • Aberta 9h-20h seg-sex, 10h-18h30 sáb-dom*

Peça de artesanato tradicional

4 Plata Lappas

Visite a Plata Lappas para conhecer suas requintadas peças de prata, especialmente as coqueteleiras e os baldes de champanhe com alças de couro, além de peças de porcelana e cristal. *Mapa P5 • Av. Santa Fe 1381 • 4811-6866 • Aberta 10h-20h seg-sex, 8h30-13h sáb*

5 El Boyero

Nessa loja você vai encontrar bolsas e acessórios de couro Los Robles, além de facas gaúchas artesanais, garrafas de vinho de couro, mochilas e sapatos de couro. *Mapa Q5 • Calle Florida 953 • 4312-3564 • Aberta 9h-20h30 seg-sáb*

6 La Joyería Paula Levy/Viviana Carriquiry

Essa loja oferece modernas joias de prata. Colares, pulseiras e brincos são os grandes destaques entre as peças exclusivas produzidas no ateliê das artistas, instalado no andar superior, e vendidas a preços razoáveis. *Costa Rica 4689 • 4833-7430 • Aberta 11h-20h seg-sáb; 15h-20h dom*

La Joyería Paula Levy/Viviana Carriquiry

Cálices de prata de Marcelo Toledo

7 **Marcelo Toledo**
Cada peça de prata do ateliê de Toledo é trabalhada com maestria. Trata-se de uma loja imperdível para quem busca joias e utensílios de mesa de alta qualidade. O local também é perfeito para adquirir um chicote com cabo de prata. *Mapa F3 • Calle Humberto 1º 462 • 4862-0841 • Aberta 10h30-17h30 seg-sex e dom*

8 **Amaicha**
A loja reúne artesanato de vários povos indígenas do país, e seu acervo compõe-se de produtos têxteis, cestos, joias, cerâmica, peças em madeira e instrumentos. Bom custo-benefício. *Mapa K3 • Calle Armenia 2106-15 • 6429-7609 • Aberta 13h-17h30 seg-sex, 16h-19h sáb-dom*

9 **Arte Étnico Argentino**
No coração de Palermo, essa loja rústica vende móveis de madeira, tecidos tingidos com corantes naturais e objetos decorativos feitos pelo povo Quicha-Santiagueño, do norte do país. *Mapa K4 • Calle El Salvador 4656 • 4832-0516 • Aberta 11h-14h sáb*

10 **Joyería Isaac Katz**
Isaac Katz cria maravilhas com pedras semipreciosas incrustadas em anéis ou delicados pingentes de prata. A linha de roupas femininas feita por sua mulher e vendida no mesmo espaço também merece uma olhada. *Mapa K3 • Pasaje Santa Rosa 5095 • 4833-7165 • Aberta 10h-20h seg-sáb*

Shopping Centers

1 **Galerías Pacífico**
Todas as melhores marcas argentinas de produtos de luxo estão ali. *Mapa Q5 • Linea B Florida 61-62 e 93*

2 **Abasto Shopping**
Abriga 230 lojas, doze salas de cinema megaplex, enorme pátio de alimentação e parque de diversões. *Mapa L6 • Av. Corrientes 3247 • 4959-3400*

3 **Alto Palermo**
O shopping mais moderno de Buenos Aires. *Mapa M4 • Av. Santa Fe 3253 • 5777-8000*

4 **Buenos Aires Design**
Shopping de artigos de alta tecnologia para a casa. *Mapa N3 • Av. Pueyrredón 2501 • 5777-6000*

5 **La Rural**
Aí você encontra facas de prata e selas de couro de qualidade *(p. 88)*.

6 **Galería Bond Street**
Três andares lotados de roupas de skate, estúdios de tatuagem e piercing, e equipamentos para casas noturnas. *Mapa N5 • Av. Santa Fe 1670 • 4812-8744*

7 **Patio Bullrich**
O mais elegante shopping da cidade abriga 1860 lojas e estandes. *Mapa P4 • Av. del Libertador 750 • 4814-7400*

8 **Paseo Alcorta**
Quatro andares cheios de lojas de marcas nacionais. *Mapa M2 • Calle Salguero 3172 • 5777-6500*

9 **Galería Güemes**
Local onde está o Piazzolla Tango *(p. 27)*, emana elegância portenha. *Mapa Q6 • Calle Florida 165 • 4331-3041*

10 **Galería 5ta Avenida**
Aí você encontra roupas de segunda mão e artigos de couro. *Mapa P5 • Av. Santa Fe 1270 • 4816-0451*

Museo de la Deuda Externa; Livros expostos no Museo Casa de Ricardo Rojas

TOP 10 Museus Particulares

1 Fundación Forner-Bigatti

Essa austera casa branca oferece uma visão da vida de dois artistas de vanguarda portenhos: Raquel Forner e Alfredo Bigatti. Contém esculturas, fotos e pinturas distribuídas pelos antigos ateliês, assim como pelo jardim central. *Mapa F3 • Calle Bethlem 443 • 4362-9171 • Ligue para saber horários de funcionamento • www.forner-bigatti.com.ar*

2 Museo Fortabat

O Museo Fortabat quebrou a monotonia do complexo comercial do Puerto Madero Este com um edifício tão singular quanto sua coleção de mais de mil obras de arte argentina. *Mapa R5 • Dique 4 • 4310-6600 • Aberto 12h-20h ter-dom • Entr. paga • www.coleccionfortabat.org.ar*

3 Museo Casa de Ricardo Rojas

A antiga residência desse respeitado professor de literatura se mantém quase como Rojas a deixou por ocasião de sua morte, em 1957. A casa neocolonial abriga os estudos de Rojas sobre povos indígenas e a construção das missões jesuítas no Peru. *Mapa M4 • Calle Charcas 2837 • 4824-4039 • Aberto 11h-19h ter-sáb • Entr. paga • www.cultura.gob.ar*

4 Museo Histórico de Cera

Sonho de um professor argentino de belas-artes, esse museu de cera tem um charme um tanto decadente. Mostra ídolos do futebol, heróis da Revolução de Maio *(p. 32)*, figuras literárias e outras. *Mapa G6 • Calle del Valle Iberlucea 1261 • 4301-1497 • Aberto 11h30-18h seg-sex (até 19h no inverno), 11h-18h sáb-dom (até 20h no inverno) • Entr. paga • www.museodecera.com.ar*

Escultura na Fundación Forner-Bigatti

5 Museo de la Policia Federal de Argentina

As exposições desse museu peculiar (alguns acham arrepiante) mostram detalhes de atividades como uso de drogas e jogo. A sala de medicina forense não é para os fracos, pois apresenta fotografias e descrições de assassinatos, acompanhados de um corpo exumado desmembrado. *Mapa F1 • San Martín 353 (dois andares superiores) • 4394-6857 • Aberto 14h-18h seg-sex • www.cpf.org.ar/museo-policial*

Figuras de cera no Museo Histórico de Cera

6 Museo de Artes Plásticas Eduardo Sívori

Esse museu contém uma ampla e eclética coleção de pinturas e esculturas argentinas do século XIX até os dias atuais. Ao lado, o jardim de esculturas é um local calmo e contemplativo.

Mapa L1 • Av. Infanta Isabel 555 • 4774-9452 • Aberto 12h-20h ter-sex, 10h-20h sáb-dom • Entr. grátis qua e sáb • www.museosivori.org.ar

7 El Zanjón

Redescobertos durante um projeto de demolição na década de 1980, esses aquedutos subterrâneos evocativamente iluminados sob a mansão El Zanjón trouxeram um novo charme ao bairro de San Telmo. Verifique a programação especial de eventos realizados nos túneis *(p. 75)*.

8 Museo del Cine

Fundada em 1971, essa instituição vai além das exposições de cartazes de filmes argentinos antigos, realizando festivais envolventes. Uma dessas exposições foi a que teve como tema a transição dos comediantes argentinos do início do século XX do teatro para o cinema. O museu também trabalha em conjunto com outros museus e teatros para a programação de uma variedade de filmes. *Mapa H5 • Caffarena 49, La Boca • 4303-2882 • 11h-18h seg, qua-sex, 10h-19h sáb-dom • www.museos.buenosaires.gob.ar*

9 Museo de la Deuda Externa

Escondido no subsolo do prédio da Faculdade de Economia na cidade universitária, esse pequeno museu sóbrio e absolutamente vital traça a montanha-russa que a economia argentina percorreu do século XX até a moratória de 2001 *(p. 33)*, com montagens sensacionais e ampliações fotográficas de manchetes catastróficas. *Mapa N5 • Centro Cultural Ernesto Sábato, Calle Uriburu 781 • 4370-6105 • Aberto 9h-20h seg-sex • www.museodeladeuda.com.ar*

El Zanjón lindamente iluminado

10 Museo Fragata Sarmiento

Assim chamado em honra do presidente D. F. Sarmiento, fundador da escola naval argentina, esse clíper de 1898 ancorado na Doca 3 agora recebe visitantes a bordo.

Mapa G2 • Alicia M. Justo 980 • 4334-9386 • Aberto 10h-19h diariam • Entrada paga

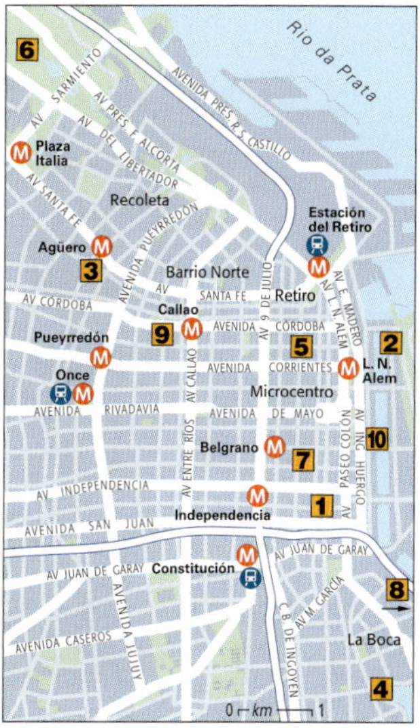

Tango em San Telmo; Uma multidão assiste ao Creamfields Festival

Top 10 Festivais e Eventos

1 Carnaval
Uma divertida celebração com música e dança. Cada bairro tem o seu desfile, no qual as *murgas* (associações carnavalescas) competem para ser a melhor do ano. ◉ *Meados fev*

2 Abertura da Temporada de Ópera
O Teatro Colón abre suas cortinas aos amantes da ópera no início de março. A temporada vai até dezembro. ◉ *www.teatrocolon.org.ar*

3 Buenos Aires Fashion Week
Estilistas exibem suas coleções de verão e inverno nesse evento bianual de quatro dias realizado nos meses de fevereiro e agosto. Mais de 30 desfiles e 40 showrooms expõem os novos modelos. ◉ *www.bafweek.com.ar*

4 Festival Internacional de Cine Independiente
Esse festival de filmes independentes exibe produções não hollywoodianas da Argentina e de várias partes do mundo. Durante doze dias, mais de 250 mil cinéfilos assistem aos filmes, que disputam o *Gran Premio*. As sessões diárias são realizadas em várias salas da cidade, e há ainda seminários e workshops. ◉ *Meados de abr • www.bafici.gov.ar*

5 Feira Internacional do Livro de Buenos Aires
Essa feira de dezoito dias reúne autores e leitores. Uma infinidade de estandes oferecem publicações de todos os gêneros, e há também seminários e sessões de autógrafos. Escritores como Doris Lessing, Paul Auster, Ray Bradbury e Tom Wolfe atraíram o público no passado. ◉ *Fim de abr/início mai • www.el-libro.org.ar*

6 Quilmes Rock Festival
Esse festival de quatro dias, realizado no estádio do River Plate, já apresentou nomes como Aerosmith, Ozzy Osbourne, Queens of the Stone Age e KISS. Compre ingressos pela internet com muita antecedência, pois eles esgotam rápido. ◉ *Jan ou abr • www.ticketek.com.ar*

7 La Rural
A Exposición Internacional de Ganadería *(p. 88)* é frequentada pela comunidade rural de toda a Argentina e do exterior. São

Plateia do Teatro Colón

As datas das festas às vezes mudam em Buenos Aires. Cheque se houve mudanças no site oficial de turismo www.bue.gov.ar.

Buenos Aires Fashion Week

expostos equipamentos de alta tecnologia, alimentos geneticamente modificados e produtos orgânicos. São apresentados ótimos shows de hipismo. *Fim de jul • www.larural.com.ar*

8 **Festival Buenos Aires Tango** O maior festival de tango da cidade (e do mundo) é uma maratona de oito dias de shows, concertos, aulas e feiras de artigos de tango espalhados pela cidade. O festival se encerra com uma grande milonga ao ar livre. *Meados ago • www.mundialdetango.gob.ar*

9 **Marcha do Orgullo Gay** A parada gay de Buenos Aires é um desfile por mais direitos e uma celebração da diversidade sexual. As comunidades de gays, lésbicas e transsexuais desfilam numa caravana de carros reluzentes em meio a uma multidão de rosa, brilho e corpos à mostra ao som de música disco e dance. *Primeiro sáb de nov • www.marchadelorgullo.org.ar*

10 **Creamfields** Para os que adoram música eletrônica, esse festival ao ar livre reúne mais de cem artistas e 60 mil espectadores. DJs locais se apresentam ao lado de astros internacionais. Paul Oakenfold, Groove Armada e David Guetta já tocaram lá. *Nov • www.creamfieldsba.com*

Filmes Argentinos Contemporâneos

1 ***La Historia Oficial* (1985)**
Filme vencedor do Oscar sobre o destino dos "desaparecidos" durante a ditadura militar de 1976-83 *(p. 33)*.

2 ***El Viento se Llevó lo Que* (1998)**
Comédia sobre um vilarejo cujo único contato com o mundo é através de filmes mal editados.

3 ***Nueve Reinas* (2000)** História de dois golpistas em busca de um negócio milionário na Buenos Aires em crise.

4 ***El Hijo de la Novia* (2001)**
Filho em crise existencial vê a salvação no amor de seu pai por sua mãe doente.

5 ***Los Guantes Mágicos* (2003)**
Comédia dramática sobre um motorista de táxi que enfrenta perdas, solidão e crise.

6 ***La Niña Santa* (2004)** História de uma jovem de dezesseis anos consciente de sua sexualidade e da culpa que isso provoca.

7 ***Derecho de Familia* (2005)**
História divertida sobre um pai recente e neurótico que reavalia seu relacionamento com seu pai.

8 ***Bombón el Perro* (2005)**
Um *road movie* encantador sobre um mecânico desempregado e seu *pitbull terrier*.

9 ***El Secreto de Sus Ojos* (2010)**
Thriller policial que em 2009 ganhou o Oscar de Melhor Filme em Língua Estrangeira.

10 ***Relatos Salvajes* (2014)** Comédia de humor negro sobre vingança, em seis partes, dirigida por Damián Szifrón.

Visite o site www.cinenacional.com, que traz resenhas e programação de filmes argentinos.

Salón Canning; Nuevo Salón La Argentina

Top 10 Casas de Tango e Milongas

1 Centro Cultural Torquato Tasso

Esse restaurante e casa de espetáculos intimista é o local para quem quer assistir a espetáculos de tango ao vivo. Ali apresentam-se músicos de diferentes instrumentos, como guitarristas, acordeonistas e flautistas, além de vocalistas como Adriana Varela – estrela do tango contemporâneo. Há aulas de tango antes dos recitais. Tente também a milonga das noites de domingo. *Mapa F4 • Calle Defensa 1575, San Telmo • 4307-6506 • Entr. paga • www.torquatotasso.com.ar*

2 El Querandí

Essa casa animada oferece jantar e shows de tango num edifício de 1867 lindamente restaurado. Apresenta uma fusão de tango e teatro, que conta a história do nascimento do tango nos bordéis da cidade até a aceitação pela burguesia e a posterior reinvenção por Astor Piazzolla *(p. 28)*. O ambiente é romântico e íntimo. *Mapa F2 • Calle Perú 302, San Telmo • 5199-1770 • Entr. paga • www.querandi.com.ar*

3 Tanguería El Beso

Essa adorável pequena milonga recebe dançarinos de 18 a 80 anos, turistas e portenhos. O piso é iluminado, e o bar em forma de ferradura serve massas caseiras e vinhos. A noite de terça é turística, a de quinta é tradicional, até nas roupas formais, enquanto o domingo é a noite mais popular. *Mapa N6 • Calle Riobamba 416, 1º andar, Onco • 4953 2794 • Entr. paga • elbesotango@yahoo.com.ar*

Show de tango em El Querandí

4 Centro Región Leonesa

Nesse salão de baile belle époque são realizadas as mais tradicionais milongas da cidade. Ali, só os homens convidam as damas para dançar com acenos de cabeça. No salão, os pares dançam segurando as mãos e mantendo contato visual – mais que isso é de mau gosto. A dança é fortemente nostálgica. Conte com a presença de muitos turistas. *Mapa D3 • Calle Humberto 1º 1462, Constitución • 4304-5595 • Aberto seg-sáb*

5 Café de los Angelitos

Inaugurado em 1890, o café recebeu esse nome de "anjinhos" na década de 1920, quando era frequentado pela máfia local. Hoje, oferece jantar e shows de tango no estilo cabaré, em que os dançarinos executam tangos dramáticos e estonteantes ao som de um sexteto ao vivo. Depois do show, visite o bar restaurado, com vitrais e um piso de mosaicos. *Mapa C1 • Av. Rivadavia 2100, Congreso • 4314-1121 • Entr. paga • www.cafedelosangelitos.com*

Milongas são salões de baile onde as pessoas vão para dançar tango.

6 Maldita Milonga

Traga seus sapatos de dança – essa *milonga* oferece aulas de tango para alunos iniciantes e intermediários toda quarta-feira às 21h. As apresentações ao vivo, com orquestra, começam sempre às 23h. ✎ *Mapa F2 • Calle Buenos Aires Club, Perú 571 • 4560-1514*

Uma apresentação de tango em El Viejo Almacén

7 Salón Canning

Esse elegante salão de tango desfruta de justa fama graças a seu piso liso e encerado, considerado um dos melhores da cidade para dançar tango. As aulas e as milongas atraem portenhos e turistas, iniciantes e veteranos. Segunda e terça-feira são as grandes noites, e nas quintas tem-se uma mistura de tango e salsa. ✎ *Mapa K4 • Av. Scalabrini Ortiz 1331, Palermo • 4832-6753*

8 Nuevo Salón La Argentina

O Nuevo Salon apresenta uma maratona de sessões de milonga nas tardes dos fins de semana e às sextas e sábados à noite. Atrai um público mais experiente, que dança *al suelo*, com os pés presos ao chão, no estilo tradicional, sem floreios. O clima é simpático, e há um bar que serve drinques e petiscos. ✎ *Mapa N6 • Calle Bartolomé Mitre 1759, Congreso • 4371-6767 • Entr. paga*

9 El Viejo Almacén

O cenário desse restaurante e casa de tango é uma casa colonial. Os dançarinos são extraordinários e apresentam tangos tradicionais e contemporâneos. Há um sexteto com solos de violino e *bandoneón*, uma carismática estrela madura, um galã de cabelos loiros e cantores ídolos das matinês. O jantar é servido antes do show, em outro edifício histórico, atravessando-se a rua de pedras. ✎ *Mapa F3 • Av. Independencia com Balcarce, San Telmo • 4307-6689 • www.viejoalmacen.com.ar*

10 Sin Rumbo

Vale a pena ir até esse bairro mais afastado para conhecer uma autêntica milonga. Convém reservar com alguma antecedência, porque, para garantir espaço suficiente para dançar, os proprietários só admitem 150 pessoas. A ideia é ir para jantar antes da milonga. ✎ *José P. Tamborini 6157, Villa Urquiza • Entr. paga • 4574-0972 • www.elsinrumbo.com.ar*

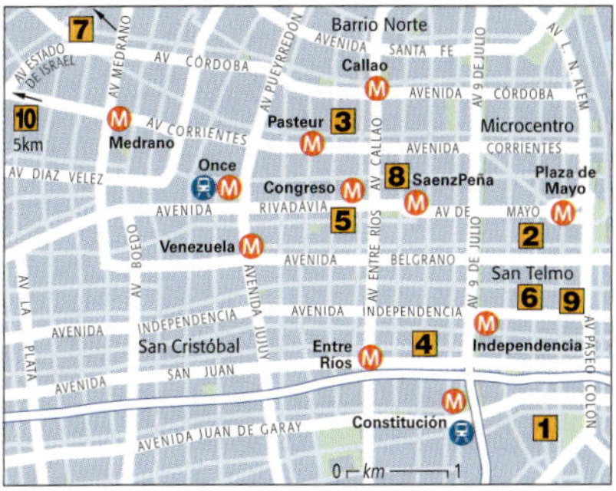

Muitas casas de tango e milongas oferecem aulas de tango. Ligue para saber os horários.

Club Aráoz; Placa do Podestá Super Club de Copas

TOP 10 Casas Noturnas

1 Mandarine

DJs nacionais e internacionais tocam house, trance e hip-hop na pista principal dessa famosa casa. No terraço ouve-se pop dos anos 1980 e 1990. *Mapa N1 • Av. Costanera Rafael Obligado com Sarmiento, Palermo • 4806-8002 • Aberta a partir da 1h sex e sáb • www.mandarineclub.com*

2 Pachá

A casa com capacidade para 3 mil pessoas atrai fãs de música techno e eletrônica. Chemical Brothers, Paul Oakenfold e Sasha já tocaram lá. *Mapa N1 • Av. Costanera Rafael Obligado com La Pampa, Palermo • 4788-4280 • Aberta a partir das 11h45 sáb • www.pachabuenosaires.com*

3 Club Museum

Com capacidade para 3 mil pessoas, essa casa noturna ferve nas noites de sábado. Para descansar um pouco, há três níveis de balcões voltados para a pista de dança. Vá bem vestido. *Mapa F2 • Calle Perú 535, San Telmo • 5713-6775 • Aberta 22h sáb para jantar (casa noturna a partir da 1h) • www.clubmuseumba.com.ar*

4 Podestá Super Club de Copas

Nos fins de semana, o público do Podestá fica na casa dos vinte anos. No subsolo, DJs tocam clássicos dos anos 1980. No andar superior, um público mais sério dança house e techno. *Mapa K4 • Calle Armenia 1740, Palermo Viejo • 4832-2776 • Aberta a partir das 22h qui, 23h sex e sáb • www.podestafotos.com*

5 The Roxy

Esse antigo cinema se agita nas noites de quinta-feira, quando recebe a balada mais licenciosa da cidade, o lendário Club 69 *(p. 48)*. As noites de sábado são menos famosas, com hits nacionais e internacionais do rock e do pop. *Mapa N1 • Niceto Vega 5542, Palermo Hollywood • 15-4085-5274 • Os horários de funcionamento variam • www.theroxybar.com.ar*

Casa cheia na Club Museum

Se quiser jantar, a maioria das casas faz reserva a partir das 22h30 – depois, a entrada na boate é grátis.

6 You Know My Name

Antes El Living, essa casa intimista ainda é o local para a geração disco. Instalada no térreo de uma mansão antiga, toca música dos anos 1980 na sala maior e pop na sala menor. O público é despretensioso, na casa dos 20 e 30 anos. *Mapa P5 • Marcelo T. de Alvear 1540, Tribunales • 4811-4730 • Aberta a partir das 19h qui, 21h30 sex e sáb • www.youknowmyname.com.ar*

Crobar

7 Caix

Depois de curtir a Mint ou a Pacha, os incansáveis dirigem-se ao Caix, uma boate que funciona até o meio do dia seguinte. No piso superior, ouve-se hard techno. A outra pista de dança tem vista para o rio da Prata. *Mapa N1 • Centro Costa Salguero, Av. Rafael Obligado 1221, Palermo • 4805-6069 • Aberta a partir da 1h sex e sáb • www.caix.com.ar*

8 Crobar

Essa é a maior e mais famosa boate de Buenos Aires, com uma pista gigantesca, uma sala menor nos fundos, cinco bares e um terraço ao ar livre, todos lotados nos fins de semana com uma multidão de turistas e portenhos movida a álcool. A sexta, noite do MSTRPLN dedicada aos novos sons, é a mais badalada; o sábado é noite de hard house. *Mapa J3 • Honduras 5339, Palermo Viejo • 4137-5311 • Aberta a partir das 22h sex e sáb • www.crobar.com.ar*

9 Kika

O pessoal descolado frequenta a Kika que possui ambiente vibrante e de glamour. São duas salas: uma hip-hop, funk e commercial house; a outra strobe-heavy hard house. Curta a página da boate no Facebook e ganhe uma entrada grátis antes da 1h. *Mapa J3 • Calle Honduras 5339, Palermo Viejo • 4137-5311 • Aberta ter-sáb • www.kikaclub.com.ar*

10 Club Aráoz

Sábado é a grande noite, quando os DJs misturam house com reggaetón, hip-hop e pop. Quinta é hip-hop e sexta, rock. A Aráoz tem um clima de intimidade que falta às grandes casas da cidade. *Mapa L3 • Calle Aráoz 2424, Palermo • 4832-9751 • Aberta a partir da 1h qui-sáb • www.clubaraoz.com.ar*

Se não vai jantar, nem pense em aparecer antes das 2h: não haverá ninguém na pista de dança além de você e do DJ.

Club 69; Gout Café

TOP 10 Para Gays e Lésbicas

1 Amerika

Maior discoteca gay de Buenos Aires, a Amerika é frequentada por uma turma bonita de gays, lésbicas e héteros. Os héteros preferem o terceiro andar, enquanto os gays confraternizam nos dois andares inferiores, onde os DJs tocam techno, dance e música latina. Conte com uma noite de prazeres, até mesmo aos domingos. *Mapa K5 • Calle Gascón 1040, Villa Crespo • Aberta sex-dom à noite • 4865-4416 • www.ameri-k.com.ar*

2 Fiesta Plop

As noites de sexta trazem muito mais cor ao Teatro Vorterix do que os outros eventos ao vivo que ocupam esse palco, frequentados por metaleiros vestidos de preto. As festas temáticas sob o logo Fiesta Plop, anunciadas em sua página no Facebook, atraem um público na faixa dos 20 e poucos anos. Os ingressos são vendidos no teatro, a apenas alguns quarteirões de Palermo Hollywood. *Mapa J3 • Av. Lacroze 3455 • Aberto sex à noite • www.elteatroonline.com/vorterix*

3 Club 69

Instalado num antigo teatro, o Club 69 se orgulha de oferecer uma das baladas mais loucas da cidade, atraindo um público misto de gays e héteros com hard-house e eletrônica. O maior evento da noite é um cabaré apresentado às 4h, com performance de travestis no palco principal. *Mapa J3 • Niceto Club, Niceto Vega SS10, Palermo Hollywood • Aberto a partir das 24h qui*

4 KMØ

Essa casa brega atrai um público misto de gays e lésbicas. Uma noite divertida ali inclui go-go dancers, strippers, drag queens e um bar imenso. Com uma atmosfera de paquera explícita, a melhor noite é a de sábado. *Mapa M4 • Av. Santa Fe 2516, Barrio Norte • 4822-7530 • Aberta a partir das 23h30 diariam • www.kmzero.com.ar*

5 Sitges

Essa casa moderna fica lotada de um público despretensioso de gays e lésbicas entre 18 e 40 anos ou mais. Strippers se apresentam às sextas-feiras, e drag queens fazem números cômicos aos sábados e domingos. Chegue antes da 1h se quiser conseguir uma mesa próxima ao palco. A Sitges não tem o ambiente explícito de paquera de outras boates de gays e lésbicas. *Mapa K5 • Av. Córdoba 4119, Palermo Viejo • Aberta a partir das 22h30 qua-dom • 4861-3763 • www.sitgesonline.com.ar*

6 GLAM

Instalada em uma belíssima casa em estilo colonial, a Glam atrai um público jovem e moderno de gays e lésbicas, principalmente aos sábados. Possui três bares, uma sala de bilhar, um pátio externo e, o melhor de tudo, músicas animadas para dançar. O público só começa a chegar por volta das 2h. *Mapa M5 • Cabrera 3046, Palermo • 4963-2521 • Aberta a partir das 24h qui e sáb • www.glambsas.com.ar*

San Telmo e Palermo Viejo são os bairros de Buenos Aires mais frequentados por gays.

7 Casa Brandon

Essa casa multifuncional serve de centro comunitário, galeria de arte, bar, lounge, cinema e discoteca. O nome homenageia Brandon Teena, adolescente transexual interpretado por Hilary Swank no filme *Meninos não choram*, de 1999. É ponto de encontro de lésbicas, mas rapazes e simpatizantes são igualmente bem recebidos. *Mapa J5 • Calle Luis María Drago 236, Villa Crespo • 4858-0610 • Aberta a partir das 22h-2h quadom • www.brandongayday.com.ar*

8 Club One

Essa casa gigantesca em vários níveis funciona numa antiga fábrica. Fica lotada nas noites de sexta-feira, quando DJs internacionais convidados agitam as pistas de dança dominadas pelos homens. Rapazes bonitos e dispostos a aventuras lotam os bares. Como se formam longas filas, chegue cedo. *Mapa E2 • Calle Adolfo Alsina 940, Montserrat • 4331-3231 • www.palacioalsina.net*

9 Gout Café

Esse café acrescenta um toque de elegância contemporânea ao velho esplendor da Recoleta. O interior é íntimo, com uma decoração chique e moderna. Oferece uma comida saudável e uma carta de vinhos pequena, mas de boa qualidade. À tarde, escolha entre cafés aromáticos, sucos de frutas, doces, tortas e brownies. Os garçons atraentes, o jazz ao fundo e a internet sem fio aumentam o charme do Gout. *Mapa N4 • Calle Juncal 2124, Recoleta • 4825-8330 • Aberto 7h30-21h seg-sáb • www.goutcafe.com.ar*

Pride Café

10 Pride Café

Esse café, que parece saído do Greenwich Village de Nova York, é bastante popular entre os turistas gays, principalmente nas tardes de domingo. O cardápio é completamente orgânico, com deliciosas saladas, bolos e tortas. Os garçons, lindos e simpáticos, terão prazer em informar as opções de bebida, que incluem café, sucos ou coquetéis. A decoração é moderna, de um branco imaculado e cromado, com uma sala com sofás nos fundos. As mesas externas ocupam a esquina de uma rua calçada de pedras. *Mapa F3 • Calle Balcarce 869 esq. com Giuffra, San Telmo • 4300-6435 • Aberto 9h-21h seg-sex; 11h-20h sáb; 10h-22h dom*

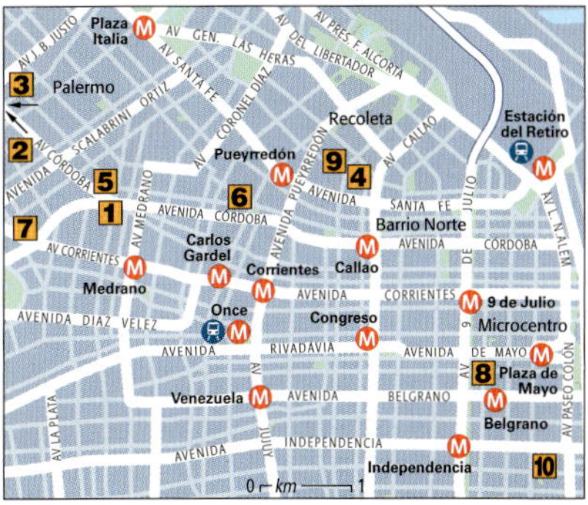

Provoleta; Um turista experimenta o onipresente mate; Uma caixa de alfajores

TOP 10 Destaques Culinários

1 Provoleta

Os suíços têm o fondue, os mexicanos, o queso fundido, e os argentinos, a provoleta. Uma grossa fatia de queijo provolone temperado, assada na grelha, macia por dentro e tostada por fora. Come-se com talheres de churrasco.

Empanadas assadas

2 Parrillada

Mollejas (molejas, ou seja, fatias da glândula timo dos ruminantes), tripas, linguiça, lombo e frango constituem a parrillada, servida sobre uma grelha. Você pode pedir a carne *jugoso* (malpassada), *al punto* (ao ponto) ou *cocido* (entre a carne ao ponto e a bem-passada).

3 Dulce de Leche

A maioria dos ocidentais conhece esse produto do leite cozido com açúcar, mas, na Argentina, a pureza dos ingredientes e o ponto do cozimento produzem um doce de leite macio e reluzente, servido com todas as sobremesas imagináveis.

Parrillada

4 Sorrentinos

Os pratos de massa dominam na cidade, onde um terço da população descende de italianos. Os sorrentinos, um prato da velha Itália, são muito populares em Buenos Aires. São pasteizinhos de massa recheados com presunto e mussarela, abóbora e ricota, ou espinafre e parmesão, cobertos com um tradicional molho cremoso.

5 Sorvete

O sorvete argentino lembra muito o gelato italiano. Há sorvetes de frutas e de creme, que incluem os sabores doce de leite, sambayón, baunilha e chocolate. Comprando 250 gramas, você obtém três sabores por US$7.

6 Empanadas

As empanadas argentinas são quase sempre assadas – ao contrário das caribenhas, que são fritas – e contêm recheios saborosos como de carne, cebola e mussarela. Esteja atento aos restaurantes e lanchonetes que servem empanadas sal-

Nas páginas anteriores, **El Caminito, La Boca**

Locro, o cozido local

teñas, tucumanas e catamarqueñas, típicas das províncias do nordeste da Argentina.

7 **Locro**
Cozido das províncias do noroeste, o locro aquece nos dias de inverno. O clássico locro combina milho, carne e legumes.

8 **Mate**
Poucos passatempos nacionais têm tantos devotos quanto beber mate, ou chimarrão, uma bebida sorvida a qualquer hora. Água fervente é derramada sobre a cuia com mate e sorvida através de uma bomba de metal. Experimente o mate em Cumaná *(p. 71)*.

9 **Fugazzetta Rellena**
Vá até o cruzamento das avenidas Callao e Corrientes e você verá que os portenhos fazem pizza à sua maneira. A fugazzetta rellena é uma prova disso – massa crocante recheada de queijo e presunto e coberta de mussarela e cebola fatiada.

10 **Alfajores**
O alfajor é um doce tradicional da Argentina. Há alfajores industrializados, disponíveis em qualquer quiosque, ou artesanais, vendidos em confeitarias. As combinações de sabores são infinitas.

Vinhos Argentinos

1 **Misterio Malbec**
A vinícola Flichman oferece excelente custo-benefício com a linha Misterio, em especial com a Malbec, a premiada uva argentina.

2 **Pulenta IX Pinot Noir**
A produção desse Mendoza Pinot, envelhecido durante dez meses em novos barris de carvalho francês, é limitada a cerca de 4 mil garrafas por safra.

3 **Telteca Merlot**
Produzido em uma das bodegas de Mendoza, esse Merlot tem aromas de frutas.

4 **Gran Reserva Malbec**
Esse Malbec é resultado de vinhas de 65 anos e um ano de envelhecimento em barris de carvalho.

5 **Ruca Malen Merlot**
Por um tempo presente nas paletas de provadores internacionais, esse Merlot tem sabor fantástico por preço imbatível.

6 **Tomero Petit Verdot**
O Velho Mundo encontra o Novo Mundo nesse vinho frutado avaliado com 92 pontos por Robert Parker.

7 **Trapiche Malbec**
Um dos mais populares produtos de exportação Argentinos, atrás só do tango e do futebol.

8 **Cafayate Torrontés**
A uva branca Torrontés é a contribuição da província de Salta à produção vinícola argentina.

9 **Roble Chardonnay Bodega Los Haroldos**
Esse vinho não tem nada de sutil: com aroma de carvalho, vai bem com carnes de caça e de boi.

10 **Bodegas Caro Cabernet Sauvignon**
Esse Cabernet difícil de encontrar é resultado do esforço do grupo Domaines Barons de Rothschild-Lafite, de Mendoza.

Situada no oeste da Argentina, Mendoza é conhecida como terra de bom sol e bons vinhos.

La Cabrera; Cabaña Las Lilas

TOP 10 Parrillas

1 El Desnivel

Uma típica parrilla sem luxo, El Desnivel faz sucesso com portenhos, turistas e artistas. Tem pinturas desbotadas nas paredes e os garçons mais bem-humorados da cidade. As peças de carne vão fumegando para as mesas. *Mapa F3 • Calle Defensa 855, San Telmo • 4300-9081 • Aberta 8h-16h e a partir das 20h diariam • $$*

2 El Obrero

Bono, Francis Ford Coppola e Robert Duvall são apenas três celebridades que se misturaram à clientela local nessa parrilla inaugurada em 1954. Fartas porções de carne, peixe e massa são acompanhadas por imensas sobremesas cremosas. O serviço é muito simpático. *Mapa H5 • Calle Agustín R. Caffarena 64, La Boca • 4362-9912 • Aberta 12h-16h e a partir das 20h seg-sáb • $$*

3 La Brigada

A lendária La Brigada combina um ambiente de autêntica parrilla com culinária de primeira classe. A decoração possui um teto baixo de vigas e paredes brancas cobertas de suvenires de futebol. O serviço é muito rápido, e os bifes são fabulosos. Experimente também os deliciosos chinchulín e mollejas. *Mapa F3 • Calle Estados Unidos 465, San Telmo • 4361-5557 • Aberta 12h-15h30 e a partir das 20h diariam • $$$$$*

4 La Cabrera

Uma casa romântica, La Cabrera tem duas salas pequenas de paredes de tijolos aparentes, piso de mosaico e móveis de madeira. As carnes estão entre as melhores da cidade, e a carta de vinhos é excelente. Também tem mesas ao ar livre *(p. 93)*.

5 Don Julio

A decoração chique conta com tijolos aparentes e candelabros, enquanto o cardápio oferece pratos como ojo de bife (bife de costela) e entraña (fraldinha). As empanadas estão entre as melhores da cidade. Peça uma mesa no segundo andar, que dá vista para a cozinha abaixo. *Mapa K3 • Calle Guatemala 4691, Esq Gurruchaga • 4831-9564 • Abre 12h-16h, 19h30-1h diariam • $$$$$*

6 El Trapiche

Localizado no badalado bairro de Palermo, El Trapiche emana charme do velho mundo. Nada de ambiente industrial chique ou cozinha fusion, apenas velhas

Chiquilín

Parrillas são restaurantes semelhantes a churrascarias.

paredes nas quais se alinham prateleiras carregadas de garrafas de vinho, muito movimento e um cardápio que oferece bifes suculentos, peixes, massas e frutos do mar *(p. 93)*.

7 Gran Parilla del Plata

Essa churrascaria animada atrai portenhos e visitantes, que vêm para saborear a entraña (fraldinha) e o *ojo de bife* (bife de costela), regado ao vinho Malbec. Outras opções são purê e batata assada com bacon e cream-cheese Philadelphia. Reserve antes para os fins de semana, quando o local fica lotado após 21h. *Mapa F3 • Calle Chile 594, San Telmo • 4300-8858 • Aberto 12h-16h e a partir das 20h seg-sáb, a partir das 20h dom • $$$*

8 Cabaña Las Lilas

Essa parrilla é famosa por suas carnes tenras grelhadas. Escolha o ojo de bife (bife de costela) e acompanhe-o com um dos 700 vinhos argentinos e importados, desfrutando uma decoração relaxante de móveis de madeira escura e couro macio. O amplo terraço oferece uma encantadora vista *(p. 85)*.

9 Chiquilín

Inaugurada em 1927, essa famosa casa de tango é repleta de tradição. Vasos de plantas, peças de presunto defumado e antigos ventiladores pendem do teto sobre um salão onde o movimento dos garçons se mistura à conversa de clientes satisfeitos. No cardápio, carnes e massas dominam, acompanhadas por sobremesas altamente calóricas. A rapidez do

La Dorita

serviço colabora para o sucesso do Chiquilín. *Mapa N6 • Calle Sarmiento 1599, Congreso • 4373-5163 • Aberta 12h-16h e a partir das 20h diariam • $$$*

10 La Dorita

Esse agradável restaurante de esquina combina um interior acolhedor com grelhados de alta qualidade. O clássico menu de parillas inclui uma deliciosa linguiça de porco como aperitivo, o sanduíche de filé grelhado e as tables de carne, suficientes para duas pessoas. Você escolhe três dos cinco cortes tradicionais. Para acompanhar, experimente o vinho de barril, servido em canecas de barro. Há mesas ao ar livre, mas o interior é mais romântico. *Mapa J3 • Calle Humboldt 1892 • 4776-5653 • Aberto 12h-16h e a partir das 20h seg-sáb • $$$*

Veja mais sobre categorias de preço na **p. 85**

Duhau Restaurante e Vinoteca; Oviedo; La Bourgogne

TOP 10 Restaurantes

1 Tarquino

Considerado por muitos o melhor restaurante da América Latina, o Tarquino oferece pratos criativos da nova cozinha argentina em um ambiente belíssimo *(p. 71)*.

2 Aramburu

Esse restaurante intimista é um dos melhores da cidade. O chef Gonzalo Aramburu é um mestre na gastronomia molecular, mas nunca permite que a técnica obscureça o sabor. *Mapa E3 • Calle Salta 1050, San Telmo • 4305-0439 • Aberto a partir das 20h30 ter-sáb • www.gonzaloaramburu.com • $$$$$*

Placa do Ølsen

3 Ølsen

O Ølsen começou polarizando os formadores de opinião portenhos, que inicialmente o incluíram no mapa dos restaurantes internacionais. Mas é tipicamente nórdico, com petiscos escandinavos, um brunch muito concorrido e um pátio externo onde se pode degustar um coquetel de vodca *(p. 93)*.

4 Duhau Restaurante e Vinoteca

Serviço excelente, pratos variados e grandiosidade fazem de uma refeição ali uma experiência fantástica. Pode-se optar pelo tranquilo jardim, pela acolhedora sala de jantar ou pela vinoteca – uma adega confortável onde queijos e pães artesanais estão à altura dos Malbecs *(p. 71)*.

5 Oui Oui

O luminoso e arejado Oui Oui é uma das mais agradáveis surpresas de Palermo. Oferece pratos leves de ovos, limonadas, suflês, tortas, brioches, sopas e waffles saborosos. É ideal para um almoço leve ou um lanche da tarde. *Mapa J2 • Calle Nicaragua 6068 • 4778-9614 • Aberto 8h-20h ter-sex, 10h-20h sáb-dom • www.ouioui.com.ar • $$$*

6 Brasserie Petanque

Esse é um típico bistrô francês. Amplas janelas abrem-se para a Calle Defensa nos meses de calor, quando o restaurante se transforma num dos cenários gastronômicos mais animados da capital. O cardápio diário de especialidades é excepcional, assim como a selecionada tábua de patês servidos como entrada. Os garçons conhecem os vinhos disponíveis e sabem com que eles combinam *(p. 77)*.

Bar da Brasserie Petanque

7 Oviedo
Clássica cozinha do norte da Espanha em um ambiente formal. O Oviedo oferece os melhores frutos do mar da cidade e tem uma carta de vinhos fantástica.
Ⓢ Mapa M4 • Calle Beruti 2602, Recoleta • 4821-3741 • Aberto 12h-2h seg-sáb • www.oviedoresto.com.ar • $$$$

8 La Bourgogne
O chef Jean-Paul Bondoux utiliza ingredientes locais, em especial o vinho Malbec, em sua cozinha. Gourmets do mundo todo vão experimentar sua comida *(p. 71)*.

Interior do Tomo 1

9 Tomo 1
Nenhum outro restaurante de Buenos Aires desenvolve o potencial da cozinha portenha como o Tomo 1, fundado em 1971. O raviòli de pato em redução de frutas, a truta patagônia com menta e a musse de maracujá justificam a qualidade do local *(p. 85)*.

10 Casa Cruz
Por trás de imponentes portas douradas, a opulenta Casa Cruz serve delicadas porções de pratos da culinária asiática e argentina, que são saboreadas pela elite de Buenos Aires *(p. 93)*.

Cafés e Confeitarias

1 El Petit Colón
Esse é o café para onde acorre o público do teatro para um drinque e uma conversa sobre o espetáculo. *Ⓢ Mapa P6 • Calle Libertad 505*

2 Café Tortoni
O Tortoni serve os melhores churros com chocolate quente da cidade *(p. 26)*.

3 Pride Café
Paredes brancas, iluminação modernista e mesas ao ar livre distinguem esse café frequentado por público gay *(p. 49)*.

4 Ninina
Local moderno em Palermo, para café, chá, sucos e sobremesas deliciosas. *Ⓢ Mapa K4 • Calle Gorriti 4738 • 4832-0070.*

5 La Biela
Observe as pessoas que passam saboreando um sanduíche tostado com café *(p. 70)*.

6 Clásica y Moderna
Esse café e livraria, encanta com o som de um piano ao vivo *(p. 70)*.

7 Bar Plaza Dorrego
O café é feito na hora, as saladas são fartas e os garçons são um tanto ríspidos, mas simpáticos *(p. 77)*.

8 Bar El Federal
Peça um café com licor e admire as instalações de época. *Ⓢ Mapa F5 • Calle Perú com Carlos Calvo • 4300-4313*

9 Café La Poesía
Café como manda a tradição portenha, em San Telmo. Café e chopps ótimos, além de música ao vivo. *Ⓢ Mapa F3 • Esq da Chile com a Bolivar • 4300-7340*

10 La Americana
Venha a essa pizzaria para um almoço calmo, para uma empanada ou uma fugazzetta rellena *(p. 53)*. *Ⓢ Mapa D1 • Av. Callao 83 • 4371-0202*

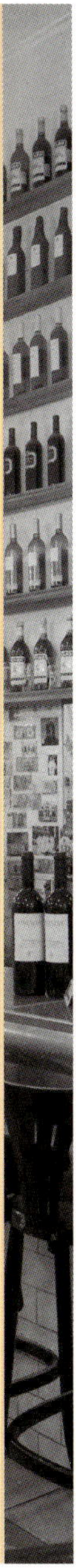

Veja mais sobre categorias de preço na **p. 71**

O ex-presidente Juan Domingo Perón; Jorge Rafael Videla

Top 10 Personalidades Portenhas

1 Diego Maradona (n. 1960)

Conhecido como "El Diez" (o 10), "El Pibe" (o garoto) ou "Dios", Diego Maradona é a cara do futebol argentino. Seus dois gols na partida contra a Inglaterra em 1986 são o mais vergonhoso e o mais sublime da história das Copas.

2 Carlos Gardel (1890-1935)

"Gardel canta cada dia melhor" é o que se costuma ouvir em Buenos Aires, demonstração de um amor inabalável por essa lenda do tango, cuja voz ajudou a tornar o gênero conhecido no mundo inteiro *(pp. 28-9)*.

3 Susana Gimenez (n. 1944)

Ex-atriz e hoje apresentadora de talk show, Susana Gimenez, embora próxima da idade da aposentadoria, não parece ter mais que 35 anos. Ainda enfeita capas de revistas e festas de celebridades todas as semanas.

4 Carlos Menem (n. 1930)

Os incentivos fiscais para investidores estrangeiros concedidos pelo ex-presidente Menem facilitaram a recuperação de Puerto Madero na década de 1990. No entanto, ainda é sua imagem sendo condenado pelo congresso a devolver a Ferrari que ganhara de empresários que simboliza a corrupção de seu governo.

5 Evita Perón (1919-52)

María Eva Duarte, atriz e bailarina nascida nos pampas, formou com o general Juan Perón o casal argentino de maior poder do século. As legiões de seus adoradores a chamavam pelo diminutivo Evita, e seu mausoléu, no Cemitério da Recoleta *(p. 10)*, está sempre florido.

6 Juan Perón (1895-1974)

Juan Domingo Perón foi um presidente populista, que promoveu programas de bem-estar social. Simpatizante dos nazistas, ajudou ex-oficiais das SS a imigrar para a Argentina. Apesar de seu legado contraditório, o movimento político que leva seu nome ainda é forte.

7 Charly García (n. 1951)

Ao lado de Luis Spinetta, Charly García deu um sotaque platino ao rock. Depois que sua primeira banda, a Sui Generis, se dissolveu, em 1975, a carreira solo de García se encaminhou para o rock em espanhol. Hoje

O ex-presidente Carlos Menem

Portenhos são os que nasceram ou vivem na cidade portuária de Buenos Aires.

O escritor Jorge Luis Borges

praticamente aposentado, faz apresentações ocasionais, das quais a mais memorável foi no 30º aniversário das Mães da Plaza de Mayo em 2007 *(p. 9)*.

8 Jorge Luis Borges (1899-1986)

Depois de morto, o laureado escritor desfruta de tanto prestígio quanto tinha em vida. Seus romances existenciais, *O aleph* e *O milagre secreto* são leituras obrigatórias para qualquer estudante de filosofia que se preze.

9 Jorge Rafael Videla (1925-2013)

Depois de restaurada a democracia em 1983, o ex-presidente Jorge Videla entrou e saiu várias vezes de prisões, tribunais e hospitais até morrer na cadeia, após ser condenado por sua participação no infame esquema de roubo de bebês durante a ditadura.

10 Torcuato de Alvear (1822-90)

Se Buenos Aires tem alguma ligação com Paris, isso se deve a seu primeiro prefeito, Torcuato de Alvear, responsável pelo planejamento urbano da Recoleta e da Avenida de Mayo, assim como por projetos de infraestrutura que promoveram o crescimento da capital.

Astros da Música Argentina

1 Fito Paez
Pianista e compositor de rock, Paez é também roteirista e diretor de cinema.

2 Andrés Calamaro
Cantor de voz rouca, Calamaro homenageou Bob Dylan com *La Lengua Popular*, de 2007.

3 Soda Stereo
Banda latino-americana dos anos 1980 e 1990, a Soda se juntou em 2007 para uma turnê.

4 Patricio Rey
O artista infundiu no velho rock'n'roll a gíria de Buenos Aires, o lunfardo.

5 La Renga
Adicionando o metal da guitarra ao rock dos anos 1980, La Renga cantou a pobreza que assola os *barrios* da cidade.

6 Attaque 77
Attaque 77, banda punk e de skate-rock, é a consciência da juventude portenha há vinte anos.

7 Bersuit Vergarabat
A banda Bersuit dominou o cenário do rock argentino dos anos 1990 e início dos 2000, com letras irreverentes.

8 Los Fabulosos Cadillacs
Sucesso de 1994, *Matador* ainda é muito tocado, embora o cantor Vincentico tenha desde então partido para uma carreira solo.

9 Gustavo Santaolalla
Santaolalla é um músico muito popular, autor da trilha sonora dos filmes *O segredo de Brokeback Mountain* e *Diários de motocicleta*.

10 Juana Molina
Conhecida por sua voz etérea e uma instrumentação pop peculiar, Molina gravou alguns dos álbuns mais aclamados pela crítica na última década.

Museo de los Niños; Parque 3 de Febrero; Planetario Galileo Galilei

Top 10 Atrações para Crianças

1 Museo Argentino del Títere

Esse museu contém marionetes antigas de diferentes países, como Romênia, Indonésia, Costa Rica e Índia. Espetáculos são apresentados nos fins de semana. *Mapa E3 • Calle Piedras 905, San Telmo • 4307-6917 • Aberto 10h-12h30, 15h-18h ter, qua e sex, 15h-18h qui, sáb-dom • Entr. paga para os espetáculos • www.welcomesantelmo.com*

2 Planetario Galileo Galilei

Educativas e divertidas, as apresentações diárias nesse planetário em forma de nave espacial levam você em uma viagem pelo cosmo, confortavelmente sentado sob a imensa cúpula. As narrações são em espanhol e em inglês *(p. 89)*.

3 Museo Argentino de Ciencias Naturales

O museu de ciências naturais contém dinossauros, um aquário, uma seção sobre a Antártida e salas de anfíbios, répteis e insetos. Tome um lanche no café "Fundo do Mar". *Mapa J6 • Av. Angel Gallardo 470, Caballito • 4982-6595 • Aberto 14h-19h diariam • Entr. paga • www.macn.gov.ar*

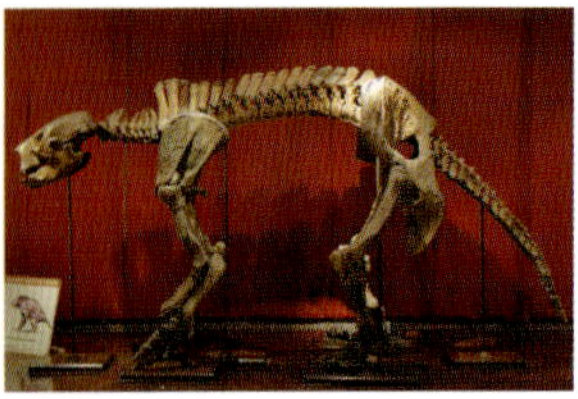

Museo Argentino de Ciencias Naturales

4 Tren de la Costa

Esse trem acompanha o rio da Prata entre Olivos e Tigre *(p. 96)*. Desfrute as praias de rio ou um passeio de patins ou bicicleta no percurso. O Parque de la Costa e o Delta ficam próximos. *4002-6000 • Aberto 6h30-23h • Entr. paga • www.sofse.gob.ar*

Passeio de barco pelo Delta

5 Passeio de barco pelo Delta

O Delta é um micro-habitat de canais e ilhas. Os passeios de barco de uma ou duas horas fazem sucesso com os turistas. *Os barcos partem da Estación Fluvial de Tigre: Mitre 305, Tigre • 0800-888-TIGRE (84473) • Entr. paga • www.vivitigre.gov.ar*

6 La Calle de los Títeres

Essa "rua de bonecos" é uma atração popular. As famílias se reúnem no pátio de uma casa da década de 1840, onde as crianças participam de oficinas de arte antes do início do show de bonecos. Ótimo para crianças de 3 a 7 anos. *Mapa D5 • Centro Cultural del Sur, Av. Caseros 1750, Constitución • 4305-6653 • Aberta a partir das 17h sáb-dom (fecha jan e fev)*

Crianças e camelos, Jardín Zoológico

7 Jardín Zoológico

Leopardos-das-neves e tigres de Bengala são os astros, mas há outras atrações, como um aquário, passeios de barco e uma fazenda onde crianças podem ordenhar vacas, assar pão e reconhecer animais pelo som e pela textura da pele *(p. 88)*.

8 Museo de los Niños

Nessa minicidade, as crianças fazem compras no supermercado, operam aparelho de raios X de aeroporto, rastejam por um sistema de distribuição de água, pilotam avião, gravam programa de TV e participam de muitas atividades. ⊗ *Mapa L6 • Av. Corrientes 3247, Abasto • 4861-2325 • Aberto 13h-20h ter-dom • Entr. paga • www.museoabasto.org.ar*

9 Parque de la Costa

Popular parque de diversões, tem atrações como carrinhos de batida e uma excitante montanha--russa. Com o passeio de barco pelo Delta, o dia será perfeito. ⊗ *Vivanco 1509, Tigre • 4002-6000 • Aberto 11h-20h sex-dom • Entrada paga • www.parquedelacosta.com.ar*

10 Parque 3 de Febrero

Navegue pelo lago a bordo de um pedalinho ou de um bote a remos, alugue patins ou bicicleta, visite o roseiral e o jardim japonês, e passeie em uma charrete. Visite o zoo e o planetário, que ficam perto. ⊗ *Mapa L2 • Av. del Libertador com Av. Sarmiento*

Lojas Infantis

1 Barbie Store

Roupas, salão de beleza, casa de chá e tudo o mais para a Barbie. ⊗ *Mapa M3 • Av. Scalabrini Ortíz 3170, Palermo • 0810-4444-227243*

2 Felíx Para Niños

Loja de roupas fashion para crianças. ⊗ *Mapa K4 • Calle El Salvador 4742, Palermo Viejo • 4833-3313*

3 Imaginarium

Jogos, bonecas, brinquedos musicais e outros. ⊗ *Mapa Q6 • Calle Florida 737 • 4893-2005*

4 Viva La Pepa

Modelos feitos à mão, inclusive alguns inspirados nos antigos vestidos de festa. ⊗ *Mapa K4 • Calle Armenia 1786, Palermo Viejo • 4831-1411*

5 Cheeky

Roupas infantis, de recém--nascidos a doze anos. ⊗ *Mapa P5 • Av. Santa Fe 1499, Barrio Norte • 4813-1875*

6 Owoko

Modelos divertidos feitos com tecidos de alta qualidade. ⊗ *Mapa Q5 • Calle Florida 737, Retiro • 5555-5140*

7 Bukito

Brinquedos, roupas, assentos para bebês e muito mais, a bons preços. ⊗ *Mapa L6 • Av. Corrientes 2699, Abasto • 4961-1112*

8 Mimo and Co

Loja de rede, vende roupas e acessórios. ⊗ *Mapa L6 • Av. Corrientes 3247, Abasto • 4959-3545*

9 Grisino

Roupas coloridas para recém-nascidos e menores de 5 anos. ⊗ *Mapa M4 • Av. Santa Fe 2626, Recoleta • 4823-6153*

10 Gabriela de Bianchetti

Modelos florais em tecidos exclusivos. ⊗ *Mapa K4 • Av. Scalabrini Ortíz 1305 • 4831-6941*

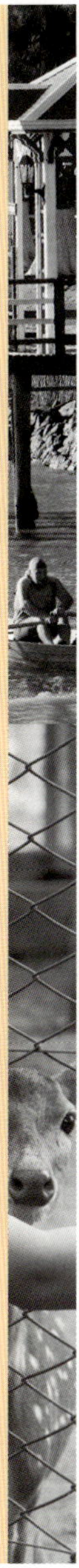

A maioria das lojas infantis de Buenos Aires atende crianças de 0 a 12 anos.

ÁREA POR ÁREA

TOP 10 BUENOS AIRES

Avenida de Mayo; Teatro Colón

Barrio Norte, Recoleta e Arredores

O CENTRO DE BUENOS AIRES *é ocupado pela Plaza de Mayo* (pp. 8-9), *de onde se irradiam vários bairros distintos. Ao redor da praça estende--se o histórico bairro de Monserrat, repleto de edifícios coloniais. Indo na direção norte chega-se ao Barrio Norte e à Recoleta, dois bairros afluentes. A oeste ficam dois coloridos bairros da classe trabalhadora: o Once, lar espiritual da comunidade judaica, e o Abasto, a região que revelou ao mundo Carlos Gardel* (p. 28). *Grandes avenidas ligam esses bairros. A mais antiga de todas, a Avenida de Mayo, mostra uma deslumbrante arquitetura belle époque* (pp. 14-5).

Café na Avenida Corrientes

TOP 10 Destaques

1. Avenida 9 de Julio
2. Avenida de Mayo
3. Museo Nacional de Bellas Artes
4. Cemitério de La Recoleta
5. Avenida Corrientes
6. Centro Cultural Recoleta
7. Museo de la Ciudad
8. Teatro Colón
9. Manzana de las Luces
10. Museo Casa Carlos Gardel

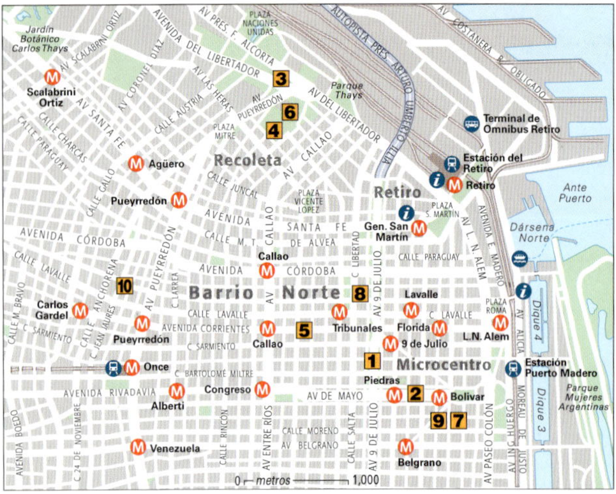

Nas páginas anteriores, **fonte diante do Congresso Nacional**

Museo Nacional de Bellas Artes

1 Avenida 9 de Julio

Concebida nos anos 1930 para aliviar o trânsito congestionado na direção norte-sul do centro, a Avenida 9 de Julio é uma faixa de 140m de largura que liga a estação Constitución ao Retiro. A mais nova obra pública no centro da capital, a avenida estabelece uma ligação simbólica entre os tradicionais bairros da classe trabalhadora do sul à aristocrática região norte, embora a frenética via não conheça tais diferenças. Ao longo dessa movimentada e empolgante avenida, pode-se saborear uma pizza barata em suas calçadas ladeadas por jacarandás, assim como desfrutar um luxuoso jantar com show de tango no salão de baile de um hotel *(pp. 20-1)*.

2 Avenida de Mayo

Primeiro grande bulevar da cidade, a imponente Avenida de Mayo foi construída em 1894 para ligar duas sedes do poder governamental: a Casa Rosada, o palácio presidencial e o Palácio do Congresso. Ladeada por palácios e cúpulas parisienses, a avenida possui uma magnífica arquitetura, reflexo das pretensões francófilas de Buenos Aires à época. Mas, por ironia, foi a comunidade espanhola que se apossou da avenida, enchendo-a de restaurantes, cafés e bares ibéricos, vários deles muito populares ainda hoje *(pp. 14-5)*.

3 Museo Nacional de Bellas Artes

O MNBA, o museu de belas-artes de Buenos Aires, foi fundado em 1896 e abriga mais de 12 mil obras. O acervo permanente contém obras de arte pré-colombiana, arte argentina dos séculos XIX e XX, mestres internacionais de arte antiga e contemporânea, entre eles Goya, El Greco, Van Gogh, Picasso, Kandinsky e Miró. Filmes são exibidos diariamente no auditório *(pp. 16-7)*.

4 Cemitério de La Recoleta

Um labirinto de alamedas estreitas, o Cemitério de La Recoleta é o lugar de repouso de presidentes, militares e famílias aristocráticas da Argentina. Seus altos muros protegem mausoléus de granito e bronze, encimados por cúpulas e esculturas de mármore que representam anjos e mães em pranto. Sua mais famosa residente é Evita Perón *(p. 58)*, embora o túmulo mais bonito seja o de José C. Paz *(pp. 10-1)*.

Cemitério de La Recoleta

Shalom, Buenos Aires

Buenos Aires tem a maior comunidade judaica da América Latina, concentrada no Once. Esse *barrio* movimentado, colorido e asfixiado pelo tráfego está cheio de casas comerciais judaicas, delicatéssens, restaurantes *kosher* e sinagogas. No centro dele fica o prédio da AMIA, local de um dos dois ataques terroristas da década de 1990 *(p. 33)*.

5 Avenida Corrientes

Centro do bairro dos teatros, essa lendária avenida foi chamada "a avenida que nunca dorme" nos anos 1940, quando abrigava muitos teatros e cinemas. Hoje, está um tanto decadente, mas os teatros continuam ali. Também está repleta de cafés e livrarias, entre elas excelentes sebos *(p. 69)*.
Mapa P6

6 Centro Cultural Recoleta

Um vibrante espaço de arte contemporânea, esse centro cultural ocupa o antigo mosteiro da Recoleta, construído em 1732. Vinte galerias abrigam exposições temporárias, as quais costumam ser bastante provocativas e ricas em propostas sociais, políticas e religiosas. Há ainda um pequeno cinema, um auditório na capela do antigo mosteiro, vários espaços multifuncionais e um

Centro Cultural Recoleta

Exposição no Museo de la Ciudad

terraço na cobertura, onde há apresentações no verão. *Mapa N4 • Junín 1930 • 4803-1040 • Aberto 14h-21h seg-sex; 12h-21h sáb-dom • www.centroculturalrecoleta.org*

7 Museo de la Ciudad

Instalado em uma belíssima residência de 1894, o Museu de la Ciudad contém incríveis recriações de quartos art nouveau e art déco, um típico escritório dos anos 1900 e uma sala de jantar dos anos 1950. Em outras seções estão expostos brinquedos antigos, pinturas e móveis de época. A Farmacia de la Estrella, na mesma quadra, funciona desde 1834. Há afrescos no teto, um balcão da época e balanças antigas.
Mapa F2 • Defensa 219, Montserrat • 4331-9855 • Aberto 11h-19h seg-sex, 10h-20h sáb-dom • Entrada paga • www.museos.buenosaires.gob.ar

8 Teatro Colón

Inaugurado em 1908, o Teatro Colón é um dos maiores teatros de ópera de todo o mundo. Seu palco recebe diversas óperas, balés e concertos de música clássica. Já se apresentaram lá artistas do naipe de Pavarotti, Nureyev e María Callas. Você pode fazer uma visita guiada por seu majestoso interior, conhecendo o auditório, os salões e um labirinto de oficinas e salas de ensaio *(pp. 12-3)*.

9 Manzana de las Luces

Coração histórico da cidade, a Manzana de las Luces é um complexo de edifícios governamentais e jesuíticos que datam de meados do século XVII. Entre eles está a Iglesia de San Ignacio, a mais antiga da cidade, construída em 1668, o claustro do antigo colégio dos jesuítas, a Sala de Representantes e o Colegio Nacional de Buenos Aires. Sob os prédios correm os túneis construídos na década de 1690 para ligar o local à Plaza de Mayo. ⊗ *Mapa F2 • Calle Perú 272, Montserrat • 4342-6973 • www.manzanadelasluces.gov.ar*

10 Museo Casa Carlos Gardel

Esse museu está instalado dentro da casa em que Gardel *(p. 28)* morou com a mãe no ano anterior à sua morte, em 1933. Uma típica *casa chorizo* da Buenos Aires do início do século XX mostra a sua vida agitada através de fotos de família, discos de vinil e cartazes de seus filmes. Um microcinema exibe velhos filmes de Gardel e uma parte da casa foi restaurada para mostrar como ele vivia. ⊗ *Mapa M5 • Jean Jaurés 735, Abasto • 4964-2015 • Aberto 11h-18h seg, qua-sex, 10h-19h sáb-dom • Entr. paga • www.museocasacarlosgardel.buenosaires.gov.ar*

Museo Casa Carlos Gardel

Um Dia de Monumentos

Manhã

Tome o café da manhã em **La Americana** *(p. 57)* e depois desça a **Avenida de Mayo** na direção leste, admirando a fabulosa arquitetura da avenida, em particular o **Hotel Chile** *(p. 14)*, uma construção art nouveau, e o neogótico **Palacio Barolo** *(p. 14)*. No cruzamento com a Calle Perú, vire à direita e ande duas quadras para chegar à **Manzana de las Luces** e fazer uma emocionante viagem no tempo de volta à Buenos Aires do século XVII. Continue seguindo esse fio histórico, explorando as ruas adjacentes à Manzana até se deparar com o **Museo de la Ciudad**. Volte à **Avenida de Mayo** para um café com croissants no **Café Tortoni** *(p. 15)*. Caminhe para oeste até a **Avenida 9 de Julio** *(p. 65)*, onde pode fazer uma excursão pelo belo **Teatro Colón**.

Tarde

Vá até a Recoleta e almoce no **La Biela** *(p. 70)*. Depois, passeie pelas alamedas do **Cemitério de La Recoleta** *(p. 65)*, que fica bem em frente. Em seguida, admire um pouco da arte contemporânea no **Centro Cultural Recoleta**. Suba ao terraço de cobertura, de onde se tem uma vista encantadora. Saindo do **Centro Cultural**, cruze a **Plaza Francia** *(p. 37)* em direção à Avenida Alvear. Três quadras adiante fica o **Alvear Palace Hotel** *(p. 112)*, onde você pode parar para um chá. Voltando para leste, explore as butiques de moda antes de virar à direita no cruzamento com a Libertad, para terminar o dia com um jantar regado a vinho no **Gran Bar Danzón** *(p. 70)*.

Após visitar o Museo Casa Carlos Gardel, passeie pela Calle Zelaya, uma colorida rua secundária decorada com murais sobre o tango.

Kosiuko; Tramando; Ona Sáez

TOP 10 Lojas da Recoleta

1 Morph
Situada dentro da meca do design de interiores – o shopping Buenos Aires Design –, a loja Morph é especializada em artigos para a casa com um toque criativo. *Mapa N3 • Av. Pueyrredón 2501 • 4828-5600*

2 Tramando
Essa butique é dedicada às roupas femininas e à decoração. As coleções são modernas, artesanais e exclusivas. *Mapa N6 • Rodríguez Peña 1973 • 4811-0465*

3 Kosiuko
Essa loja vende roupas masculinas, femininas e infantis, transadas e com bons preços. *Mapa N5 • Av. Santa Fe 1756 • 4815-8740*

4 Ona Sáez
As coleções da Sáez's contêm roupas de noite para homens, vestidos de coquetel colantes e ótimas roupas para o dia a dia. *Mapa N5 • Av. Santa Fe 1570 • 4815-0029*

5 Vasalissa
Os chocolates belgas importados vendidos ali têm ingredientes como maracujá, champanhe e cassis. *Mapa P4 • Av. Callao 1940 • 4806-4158*

6 De Maria
Excelente local para comprar sapatos e acessórios femininos feitos de pele de cobra e couro. *Mapa P5 • Libertad 1655 • 4815-5001*

7 One Spa Boutique
Esse spa exclusivo oferece grande variedade de serviços para homens e mulheres, como manicure, hidroterapia e massagem com pedras quentes, além de sauna. Faça reserva. *Mapa P4 • Posadas 1557 • 5353-4015*

8 Evangelina Bomparola
Com corte marcante e cores vibrantes, as roupas da Bomparola agradam os mais extravagantes. *Mapa P4 • Av. Alvear 1923 • 4802-8807*

9 Celedonio
Esse designer de joias cria colares deslumbrantes com arrojados desenhos barrocos, usando prata e pedras semipreciosas como jade, coral e pérolas. *Mapa P5 • Uruguay 1223 nº 8 • 4303-7598*

10 El Camarin
Do longo chique ao curto básico, essa marca feminina tem desde opções casuais até vestimentas mais elegantes. *Mapa P4 • Galería Promenade, Av. Alvear 1883 • 4806-0825*

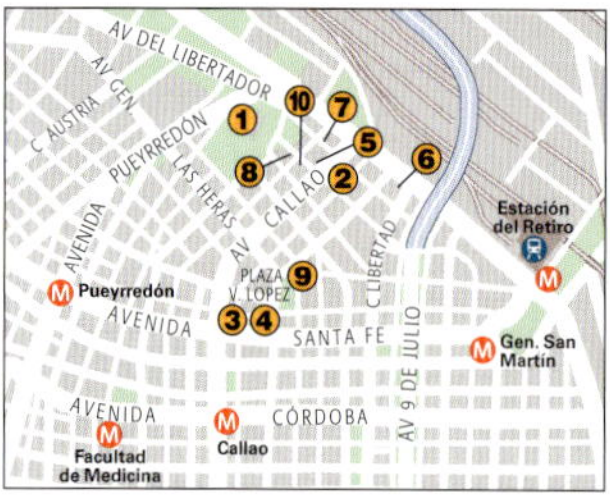

Quando comprar presentes numa loja, diga que é "para regalar" e a vendedora terá prazer em fazer um pacote de presente.

Teatro Metropolitan; Teatro Gran Rex; Cadore

TOP 10 Destaques na Avenida Corrientes

1 Libreria Losada
Essa livraria tem mais de 50 mil títulos sobre uma ampla variedade de assuntos. *Mapa N6 • Av. Corrientes 1551 • 4375-5001*

2 Rigoletto Curioso
Essa loja vende reproduções e suvenires pop. Os mais interessantes são os cartazes de teatro. *Mapa N6 • Av. Corrientes 1660 • 6320-5310*

3 Zum Edelweiss
Esse restaurante e cervejaria lembra o apogeu da Avenida Corrientes, os anos 1930. Vem sendo administrada pela mesma família de descendentes de alemães desde 1933. *Mapa P5 • Libertad 431 • 4382-3351*

4 Teatro Metropolitan
Instalado em um edifício art déco, o Metropolitan apresenta produções locais e espetáculos importados da Broadway. *Mapa P6 • Av. Corrientes 1343 • 5277-0500*

5 Bombonella
Essa chocolateria é ótima para comprar presentinhos, como chocolates no formato de ícones nacionais. *Mapa P6 • Av. Corrientes 1479 • 4371-0633*

6 Teatro San Martín
Esse teatro estatal tem instalações magníficas, que incluem três salas de teatro e um cinema de arte. Apresenta excelentes produções de balé. *Mapa P6 • Av. Corrientes 1593 • 4373-3647*

7 Bar La Paz
Inaugurado em 1944, esse café já foi o preferido do público que frequentava os teatros da avenida. Seu interior está muito mudado, mas ainda é um ponto de encontro decente. *Mapa P6 • Av. Corrientes 1593 • 4373-3647*

8 Cadore
A família Cadore se lançou no ramo de fabricação de sorvetes na Itália, nos anos 1880, e se mudou para lá na década de 1950. Um dos sabores preferidos é o de doce de leite. *Mapa P6 • Av. Corrientes 1695 • 4373-9797*

9 Teatro Gran Rex
O Gran Rex, construído em 1937 no estilo racionalista, é um dos teatros mais tradicionais da cidade. Vários artistas internacionais se apresentaram ali. *Mapa Q6 • Av. Corrientes 857 • 4322-8000*

10 El Centro Cultural Presidente Nestor Kirchner
Construído em 1928 para abrigar o correio central, o centro cultural é um belo exemplo da arquitetura beaux-arts. *Mapa R6 • Sarmiento 151*

Notorious; La Biela; Clásica y Moderna

TOP 10 Bares e Cafés

1 El Banderín

Esse café existe desde 1926. Ali você encontra o charme do velho estilo, sanduíches deliciosos e vinho servido em *copa*. *Mapa L5 • Guardia Vieja 3601, Almagro • 4862-7757*

2 Bar Celta

Tranquilo, com lounge e sofás confortáveis, o Bar Celta fica aberto 24 horas – boa opção para o café da manhã após uma noitada. Jazz ao vivo às quartas. *Mapa N6 • Calle Sarmiento 1702, Congreso • 4371-7338*

3 The Shamrock

Esse bar atrai uma clientela descolada. A boate no subsolo lota nos fins de semana, quando DJs tocam house music. *Mapa N5 • Calle Rodríguez Peña 1220, Recoleta • 4812-5332*

4 Milión

Instalado em uma mansão centenária, esse bar e galeria tem escadas art nouveau e belos vitrais. *Mapa P5 • Calle Paraná 1048, Recoleta • 4815-9925*

5 Notorious

Nesse jazz bar-café, os músicos tocam no bar dos fundos. No salão da frente, você pode colocar fones de ouvido e curtir Coltrane ou Ellington. *Mapa N5 • Av. Callao 966, Barrio Norte • 4813-6888*

6 Jack The Ripper

Esse bar instalado em uma mansão belle époque tem candelabros, antiguidades e sofás de veludo. *Mapa P4 • Calle Libertad 1275, Recoleta • 4816-7508*

7 Clásica y Moderna

Essa casa sofisticada tem paredes de tijolos, iluminação suave e piso de pedra. Uma banda de tango toca lá toda noite. *Mapa N5 • Av. Callao 892, Barrio Norte • 4812-8707*

8 Gran Bar Danzón

Esse bar de vinho e restaurante na Recoleta tem uma escadaria iluminada por velas e interior industrial-chique. A carta de vinhos é excelente, e a moderna cozinha latino-americana, divina. *Mapa P5 • Calle Libertad 1161, Recoleta • 4811-1108*

9 Buller Brewing Company

Esse bar no estilo americano produz suas próprias cervejas. Fica lotado nos fins de semana com um público festivo. *Mapa P4 • Av. Presidente Roberto M. Ortíz 1827, Recoleta • 4808-9061*

10 La Biela

Histórico café de esquina, já foi o preferido da *intelligentsia* da cidade e do piloto de Fórmula 1 Juan Manuel Fangio. O interior, lindamente preservado, se abre para um terraço. *Mapa P4 • Av. Presidente Quintana 596, Recoleta • 4804-0449*

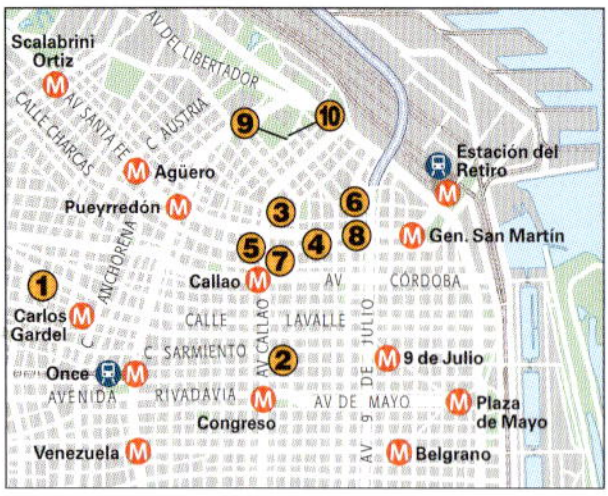

Categorias de Preço

Refeição para uma pessoa, com três pratos, uma taça de vinho ou cerveja, impostos e serviço.		
	$	até US$10
	$$	US$11-US$15
	$$$	US$16-US$25
	$$$$	US$26-US$35
	$$$$$	acima de US$35

Interior do Duhau Restaurant

TOP 10 Restaurantes

1 Casa SaltShaker

Experimente esse restaurante-clube na casa do chef Dan Perlman, que oferece cozinha eclética. *Mapa N4 • Uriburu (endereço fornecido após a reserva) • Aberto 21h-24h qui-sáb • www.casasaltshaker.com • $$$$$*

2 Duhau Restaurant

Deguste a culinária de inspiração francesa sob um teto abobadado e cercado de móveis luxuosos. *Mapa P5 • Park Hyatt Buenos Aires, Av. Alvear 1661 • 5171-1340 • $$$$*

3 Tarquino

Localizado no opulento Hub Porteño Hotel, o Tarquino, com telhado de vidro, oferece a nova cozinha argentina e uma carta de vinhos excelente. *Mapa P4 • Av. Rodriguez Peña 1967, Recoleta • 6091-2160 • $$$$$*

4 La Bourgogne

A carta de vinhos fantástica completa os elaborados pratos da cozinha francesa em cenário deslumbrante. *Mapa P4 • Alvear Palace Hotel, Calle Ayacucho 2023, Recoleta • 4805-3857 • $$$$*

5 Pierino

Inaugurada em 1909, essa cantina italiana era frequentada por Astor Piazzolla e Aníbal Troilo *(p. 28)*. As massas caseiras são servidas com carne e peixe. *Mapa L5 • Calle Lavalle 3499, Abasto • 4864-5715 • $$$*

6 Status

Serve deliciosa e autêntica cozinha peruana a ótimos preços. Prove o cozido de carneiro, o ceviche e o pisco. *Mapa D1 • Calle Virrey Cevallos 178, Congreso • 4382-8531 • $$*

7 Campo dei Fiori

Esse restaurante italiano instalado em uma mansão serve massas, peixes e carnes preparados na cozinha aberta. *Mapa D2 • Calle Venezuela 1411, Montserrat • 4381-1800 • $$$*

8 Cumaná

Especialidades regionais, entre elas o locro e as empanadas *(p. 52)*, são servidas no Cumaná, assim como pratos italianos. *Mapa N5 • Av. Rodríguez Peña 1149, Recoleta • 4813-9207 • $*

9 Restó

Instalado em um belo edifício, serve a requintada e moderna culinária argentina. *Mapa P5 • Calle Montevideo 938, Recoleta • 4816-6711 • $$$$$*

10 El Cuartito

Inaugurado em 1934, El Cuartito é uma tradicional pizzaria de administração familiar. As pizzas no estilo italiano são deliciosas. *Mapa P5 • Calle Talcahuano 937, Barrio Norte • 4816-1758 • $$*

Bandeiras de filete, Plaza Dorrego, San Telmo; Parque Lezama

San Telmo e La Boca

OS ROMÂNTICOS BAIRROS DE SAN TELMO E LA BOCA *constituem a mítica região sul de Buenos Aires. Coração da capital colonial, San Telmo encanta com suas ruas calçadas de pedra, igrejas desmoronando, fachadas coloniais e antiquários empoeirados. Fortaleza da classe trabalhadora e foco de atração de artistas boêmios, continua sendo, apesar da valorização imobiliária, um bairro de velhos cafés, de casas de estuque descascado e bares de tango – o qual surgiu nos* conventillos *(cortiços) de La Boca, primeiro porto e colônia de escravos africanos antes da chegada dos imigrantes italianos na década de 1880. Um dos bairros mais pobres da cidade, preserva uma rica vida cultural.*

Quadros à venda em El Caminito

TOP 10 Destaques

1. El Caminito
2. La Bombonera
3. Fundación Proa
4. Casa Mínima
5. Parque Lezama/ Museo Histórico Nacional
6. Plaza Dorrego
7. Museo de la Pasión Boquense
8. Igreja Ortodoxa Rusa
9. Puente Trasbordador
10. El Zanjón

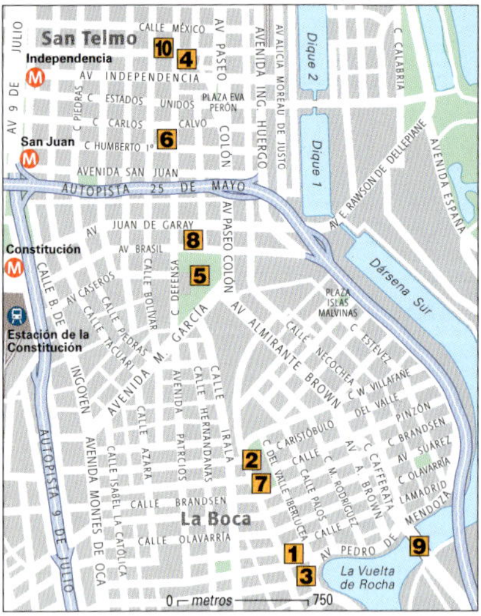

1 El Caminito

Essa rua curva calçada de pedras é famosa graças aos seus coloridos *conventillos* construídos com placas de zinco pelos imigrantes italianos. As fachadas multicoloridas remontam à época dos primeiros habitantes, que pintavam as casas com os restos de tinta do porto adjacente. Hoje, a rua é um vibrante cenário, onde artistas vendem suas obras e onde se instalaram bares de tango e cafés. *Mapa G6*

2 La Bombonera

La Bombonera é o mítico estádio do Boca Juniors, time de futebol de fanáticos torcedores, entre eles Diego Maradona. Construído em 1940, o estádio é eletrizante em dias de jogo. São três níveis de arquibancadas que se elevam quase verticalmente sobre o campo. Também há shows musicais ali. *Mapa G6 • Calle Brandsen 805, La Boca • 5777-1200 • Aberto 10h-18h diariam • Entr. paga • www.bocajuniors.com.ar*

3 Fundación Proa

Instalada em um armazém do porto restaurado, a Fundación Proa é um dos mais estimulantes espaços de arte da cidade.

A estreita fachada da Casa Mínima

Apresentando os principais movimentos artísticos do século XX, o museu realiza seis exposições temporárias por ano. Entre as exposições memoráveis estão as de Diego Rivera e Marcel Duchamp. *Mapa G6 • Av. Pedro de Mendoza 1929, La Boca • 4104-1000 • Aberta 11h-19h ter-dom • Entr. paga • www.proa.org*

4 Casa Mínima

Menor casa de San Telmo, a Casa Mínima mede apenas 2m por 8m. Originalmente, era a entrada da mansão vizinha, doada pelos proprietários a escravos libertos em 1813. *Mapa F3 • Pasaje Lorenzo 380, San Telmo • 4361-3002 • Visitas: 16h sex • Entrada paga*

Arquibancada do estádio La Bombonera

San Telmo é o melhor lugar para comprar artigos de filete, uma arte popular que costuma adornar fachadas de lojas, ônibus e salões de tango.

Febre Amarela

Em 1871, uma epidemia mortal de febre amarela assolou Buenos Aires, devastando San Telmo. Os moradores mais ricos mudaram-se para os novos bairros da Recoleta e do Barrio Norte, iniciando um período de decadência da região sul da cidade. Assim começou a se formar o imenso abismo entre o norte próspero e o sul mais pobre.

5 Parque Lezama/Museo Histórico Nacional

Muito procurado para piqueniques em família, esse parque de tipuanas, grandes áreas gramadas e um terraço de onde se descortina uma linda vista já foi o jardim particular da família Lezama. A casa dos Lezama, uma bela mansão em estilo italiano, hoje abriga o Museo Histórico Nacional. Exposições fascinantes contam a história da Argentina desde a época pré-colombiana até o século XX, inclusive a fundação da cidade de Buenos Aires nesse local *(p. 32)*. *Mapa F4 • Calle Defensa 1600, San Telmo • 4307-1182 • Aberto 11h-18h qua-dom • Entr. paga*

6 Plaza Dorrego

No coração de San Telmo, a encantadora Plaza Dorrego é uma das praças mais antigas e mais pitorescas da cidade, cercada por velhos cafés e bares de tango. Sua origem remonta ao século XVIII, quando os gaúchos chegaram em carroças para vender suas mercadorias. Hoje, é famosa graças à feira de antiguidades e artesanatos aos domingos *(p. 18)*. No meio da semana, é o local ideal para um drinque e uns petiscos ao ar livre. *Mapa F3*

7 Museo de la Pasión Boquense

Esse colorido museu vive da glória do Boca Juniors. Entre os artigos em exposição há troféus conquistados ao longo dos anos, faixas antigas e vídeos retrô, inclusive uma cena de um velho filme dos anos 1920. Conte com algumas armadilhas turísticas, como uma "foto" ao lado de um sorridente Maradona ou uma garrafa do vinho La Boca à venda na loja do clube. *Mapa G6 • Calle Brandsen 805, La Boca • 4362-1100 • Aberto 10h-18h diariam • Entr. paga • www.museoboquense.com*

8 Igreja Ortodoxa Russa

Em 1901, a construção dessa Igreja Ortodoxa Russa confirmou San Telmo como um borbulhante cadinho de culturas imigrantes. Seu deslumbrante projeto – com uma cúpula em azul e branco – foi criado em Moscou e financiado pela casa imperial russa e por membros da comunidade ortodoxa de Buenos Aires. É uma cópia exata das igrejas da capital russa. *Mapa F4 • Av. Brasil 315, San Telmo*

Igreja Ortodoxa Russa

9 Puente Transbordador

Marco simbólico de La Boca, essa magnífica ponte levadiça é uma das poucas que restaram no mundo. Construída em 1908, sua forte estrutura de ferro se assenta nas águas poluídas

Puente Transbordador

do rio Riachuelo, que separa a metrópole de Buenos Aires da Gran Buenos Aires, a faixa de pobreza e criminalidade que circunda a cidade. Concebida para o transporte de pedestres, carros e trens, ela foi substituída em 1939 pela Puente Nicolás Avellaneda, que hoje fica bem atrás dela. A ponte tem aparecido em muitos filmes sobre o tema como símbolo de uma época. *Mapa H6 • Av. Pedro de Mendoza com Almirante Brown*

10 El Zanjón

El Zanjón ("ravina", em espanhol) é uma mansão do século XIX e uma joia arqueológica. Foi construída na década de 1840 pela família Miguens e mais tarde transformada em *conventillo* (cortiço). Mas é o que existe por baixo que é especial. As fundações do prédio escondem as ruínas das casas construídas pelos primeiros colonizadores às margens de duas ravinas que antigamente convergiam nesse ponto. Túneis construídos no século XIX para cobrir as ravinas por questões de higiene correm ao longo das ruínas. O local pode ser explorado em uma estilizada e fascinante excursão. *Mapa F3 • Calle Defensa 755, San Telmo • 4361-3002 • Excursões (1 hora de duração, apenas com reserva): 12h-15h seg-sex; 13h-18h dom • Entr. paga • www.elzanjon.com.ar*

Um Dia em San Telmo e La Boca

Manhã

Comece o dia com um café forte no **Bar Plaza Dorrego** *(p. 77)* em San Telmo. Caminhe pela Plaza Dorrego, entrando e saindo das loja de antiguidades e galerias de arte, e faça uma parada no **Mercado de San Telmo** *(p. 19)* para comprar frutas frescas. Em seguida, explore as ruínas e túneis subterrâneos de **El Zanjón** e depois volte à superfície para visitar a **Casa Mínima** *(p. 73)*. Ande uma quadra para leste e vire à direita. Agora você está na Balcarce. Aprecie as fachadas coloniais dessa rua enquanto volta à **Plaza Dorrego** e depois entre no **Parque Lezama**, visitando a **Iglesia Nuestra Señora de Belén** *(p. 19)* no caminho. No **Parque Lezama**, saboreie um almoço no **Lezama** *(p. 77)*, seguido de um passeio por esse parque encantador.

Tarde

Pegue o ônibus no 29 em San Telmo e desça no fim da linha, em La Boca. Ao norte você verá a **Puente Transbordador**; a um giro de tango para o sul fica **El Caminito** *(p. 73)*. Explore esse museu ao ar livre, admirando as casinhas coloridas e os trabalhos dos artistas e depois vire à direita na Garibaldi. Caminhe três quadras até **La Bombonera** *(p. 73)*. Faça uma excursão pelo estádio, com uma parada no **Museo de la Pasión Boquense**, e então volte pelo mesmo caminho. De volta ao porto, alimente-se de arte contemporânea na **Fundación Proa** *(p. 73)* antes de voltar a San Telmo. Termine o dia com jantar e tango no **El Viejo Almacén** *(p. 45)*.

Evite caminhar pela região aos pés da Puente Transbordador – é ponto de criminosos.

L'Ago; Flavio Seratti Arte y Antigüedades; Silvia Petroccia

TOP 10 Galerias e Antiquários

1 Gil Antigüedades

A coleção inclui roupas femininas dos anos 1920, bolsas antigas e roupas de bebê do século XIX.
Mapa F3 • Calle Humberto 1º, 412 • 4361-5019 • www.gilantiguedades.com.ar

2 Guevara Art Gallery

Essa galeria vende móveis antigos art déco e art nouveau e outras peças. *Mapa F3 • Calle Defensa 982 • 4362-2418 • www.guevaragallery.com*

3 Silvia Petroccia

Essa loja maravilhosa está lotada de antiguidades italianas e francesas dos séculos XVIII e XIX. *Mapa F3 • Calle Defensa 1002 • 4362-0156 • www.sp-antiques.com*

4 Cualquier Verdura

Loja *kitsch* da região. Compre um ralador de queijo antigo ou o diferente espremedor de frutas de Philippe Starck. *Mapa F3 • Calle Humberto 1º, 517 • 4300-2474 • www.qualquierverdura.com.ar*

5 HB Antigüedades

A HB negocia móveis, pinturas e objetos de decoração da França do século XIX.
Mapa F3 • Calle Defensa 1016 • 4361-3325 • www.hbantiques.com.ar

6 Espacio Ecléctico

Essa galeria no coração de San Telmo promove artistas plásticos e visuais emergentes. O acervo contém esculturas, pinturas e fotografias.
Mapa F4 • Calle Humberto 1º, 730 • 4307-1966 • www.espacioeclectico.com.ar

7 L'Ago

Essa loja de objetos de design e decoração especializa-se no incomum. Os artigos, excêntricos e coloridos, vão de almofadas pink para sofás a braceletes adornados com símbolos católicos.
Mapa F3 • Calle Defensa 970 • 4362-4702 • www.lagosantelmo.com

8 Galería Union

Grafite e arte urbana por preços razoáveis, com obras que vão desde gravuras em estêncil até peças maiores e mais complexas. *Mapa F3 • Calle Carlos Calvo 736 • 3683-3219 • www.galeriaunion.com*

9 Flavio Seratti Arte y Antigüedades

Essa loja vende antiguidades dos anos 1920 aos 1960, entre elas peças art déco importadas da Europa. Entre as inúmeras curiosidades, porta-joias de pele de tubarão. *Mapa F3 • Calle Defensa 914 • 4361-1258*

10 Big Sur Galería

Especializada em arte contemporânea da América Latina, incluindo fotografia e pintura. Há workshops para artistas iniciantes. *Mapa F3 • Calle Carlos Calvo 637 • www.big-sur.com.ar*

Vinhos em exposição na Brasserie Petanque

Categorias de Preço

Refeição para uma pessoa, com três pratos, uma taça de vinho ou cerveja, impostos e serviço.		
	$	até US$10
	$$	US$11-US$15
	$$$	US$16-US$25
	$$$$	US$26-US$35
	$$$$$	acima de US$35

TOP 10 Bares e Restaurantes

1 Aldo's Vinoteca
Nesse lugar serve-se a comida argentina moderna e você conta com um sommelier à sua disposição para ajudar na escolha do melhor vinho. *Mapa F2 • Calle Moreno 372 • 5291-2380 • $$$*

2 Bar Plaza Dorrego
Tudo é envolvente no bar mais romântico de San Telmo, do piso de mosaicos aos armários de madeira e ao bar surrado. *Mapa F3 • Calle Defensa 1098 • 4361-0141 • $$$*

3 Gibraltar
Esse pub em estilo inglês é o melhor lugar na cidade para uma caneca de cerveja. A comida é ótima, com guisados e imensos hambúrgueres. Há ainda uma mesa de bilhar e um pátio. *Mapa F3 • Calle Perú 895 • 4362-5310 • $$*

4 Lezama
Ernesto Sábato escreveu *Sobre heróis e tumbas* nessa parrilla tradicional de administração familiar. As mesas próximas às janelas têm vista para o Parque Lezama *(p. 74)*. *Mapa F4 • Calle Brasil 359 • 4361-0114 • $$$*

5 Comedor Nikkai
Antídoto aos sushi bars da moda, o Nikkai oferece a tradicional cozinha japonesa. É um dos preferidos da comunidade nipônica local. *Mapa F3 • Av. Independencia 732 • 4300-5848 • $$$$$*

6 El Viejo Almacén
Instalado em um edifício do século XVIII, El Viejo Almacén tem uma atmosfera eletrizante. Desfrute um jantar romântico antes de se maravilhar com os shows de tango, que começam às 22h *(p. 45)*.

7 Brasserie Petanque
Nessa brasserie de propriedade de um francês, a comida parece saída de um bulevar parisiense. O ambiente é fabuloso, e o cardápio é pintado sobre espelhos antigos. *Mapa F2 • Calle Defensa 596 • 4342-7930 • $$$$$*

8 Amici Miei
Desfrute a vista da Plaza Dorrego *(p. 74)* enquanto almoça no Amici Miei. O cardápio oferece deliciosos pratos italianos. *Mapa F3 • Calle Defensa 1072 • 4361-2929 • $$$$$*

9 Antigua Tasca de Cuchilleros
Essa parrilla, instalada em uma casa da década de 1730 restaurada, tem paredes de adobe, vigas do teto originais e túneis secretos sob as tábuas do assoalho. *Mapa F3 • Calle Carlos Calvo 319 • 4300-5798 • $$$$*

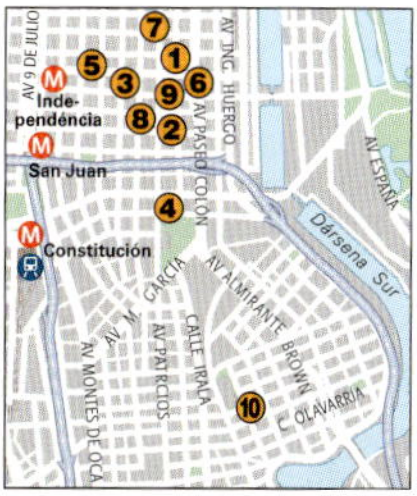

10 Don Carlos
Oferece refeições diversas de primeira qualidade, com generosas picadas (aperitivos) de pizza, massa, peixe e carne. *Mapa G6 • Brandsen 699 • 4362-2433 • $$$$*

HOTEL

Plaza de Mayo; Plaza San Martín

Microcentro, Puerto Madero e Retiro

A PLAZA DE MAYO TEM MARCADO PRESENÇA *na vida civil e cultural há séculos. Ali perto, o Puerto Madero, por outro lado, só foi incorporado oficialmente como bairro da cidade em 2007. Mas ambos refletem o respeito dos portenhos pela história, assim como sua entusiasta aceitação do moderno. A praça é o coroamento do Microcentro, centro comercial e financeiro da capital. Dali parte a Calle Florida, uma rua exclusiva de pedestres, cercada de uma colorida barragem de livrarias, lojas e artistas de rua, que vai terminar na imponente Plaza San Martín – âncora do bairro do Retiro. Do outro lado da Avenida Alem situa-se a ainda grandiosa estação ferroviária que leva o nome do bairro, enquanto ao sul ficam os armazéns de tijolos restaurados e o centro empresarial, que constituem a mais moderna reinvenção de Buenos Aires, Puerto Madero.*

El Obelisco

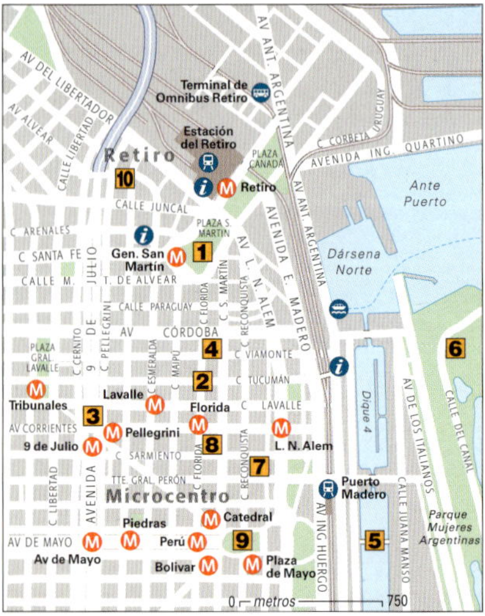

Destaques

1. Plaza San Martín
2. Calle Florida
3. El Obelisco
4. Centro Cultural Borges
5. Puente de la Mujer
6. Reserva Ecológica Costanera Sur
7. Basilica Nuestra Señora de la Merced
8. Museo Mitre
9. Plaza de Mayo
10. Plaza Embajada de Israel

Nas páginas anteriores, **Avenida de Mayo à noite**

1 Plaza San Martín

As qualidades da praça mais bem-conservada de Buenos Aires *(p. 36)* são ilimitadas. De seu ponto mais alto, na Avenida Santa Fe, uma estátua do general San Martín a cavalo está sobre uma base – ponto onde os trabalhadores da região costumam almoçar. Palmeiras, chorões e carvalhos dão sombra aos que descansam em seus gramados. Do fim de outubro a meados de dezembro, os jacarandás florescem ao longo da escadaria que leva ao Memorial da Guerra das Malvinas. *Mapa Q5*

Estátua equestre de San Martín

2 Calle Florida

Dez quadras de incansável consumismo seriam insuportáveis não fosse a variedade de lojas e de pessoas que transitam pela Calle Florida, o que a torna um cenário curioso. Quiosques de lanches, camelôs que vendem joias de prata, dançarinos de tango e mágicos reúnem à sua volta alegres grupos de pessoas, que impedem a passagem dos pedestres, enquanto funcionários das lojas agitam folhetos diante dos passantes, anunciando jaquetas de couro. Siga o fluxo da Plaza de Mayo em direção à Plaza San Martín, porque, depois dessas dez quadras, pode-se apreciar a tranquilidade da praça. *Mapa Q5*

3 El Obelisco

A escultura monumental não é mais arrojada que o Obelisco – uma torre de 67m situada na Avenida 9 de Julio. Construído em 1936 para comemorar o quarto centenário de Buenos Aires, ele é hoje um ponto de orientação para turistas e portenhos, além de ser o local tradicional para comemorações de torcidas de futebol *(p. 20)*.

4 Centro Cultural Borges

Embora seja incomum encontrar um centro cultural dentro de um shopping center, o Centro Cultural Borges é uma experiência envolvente. Distribuído em três níveis, o espaço é dedicado ao maior escritor argentino *(p. 33)*, expondo suas cartas, poemas e objetos pessoais. Há um espaço para espetáculos, onde acontecem shows de tango de vanguarda. A ala de artes visuais já apresentou mostras de grandes nomes, como Joan Miró e Salvador Dalí.

Mapa Q5 • Galerías Pacífico, Viamonte 525 • 5555-5359 • Aberto 10h-21h seg-sáb, 12h-21h dom • Entrada paga • www.ccborges.org.ar

O Centro Cultural Borges instalado dentro das Galerías Pacífico

Almoço no Estilo do Microcentro

A hora do almoço dos trabalhadores do Microcentro inspira admiração e inveja. Eles almoçam num restaurante ou num local sombreado da Plaza de Mayo. Depois de um café no Martínez ou no Havanna, se o tempo estiver bom, segue-se uma soneca à sombra de uma palmeira. Duas horas depois, eles voltam ao trabalho.

5 Puente de la Mujer

Quando foi inaugurada, em dezembro de 2001, a Puente de la Mujer, projeto do arquiteto espanhol Sergio Calatrava, e assim chamada porque as ruas do Puerto Madero levam nome de mulheres argentinas famosas, pretendia marcar a entrada da cidade no século XXI. Entretanto, a crise governamental roubou as manchetes dos jornais. Ainda assim, pode-se notar sua forma surpreendente, que evoca um dançarino e sua parceira, numa clara homenagem ao tango. *Mapa G2 • Dique 3*

6 Reserva Ecológica Costanera Sur

Uma rede de caminhos de cascalho percorre essa reserva ecológica. Pântanos cobertos de hera, árvores de *ombú* e arbustos floridos abrigam aves marinhas, lagartos e pássaros canoros. Áreas para piquenique oferecem uma vista do rio. Veja no site a possibilidade de uma visita guiada à luz da lua. *Mapa H3 • Av. Tristán Achával Rodríguez 1550 • 4893-1588 • Aberta 8h-17h diariam • www.buenosaires.gov.ar*

7 Basilica Nuestra Señora de la Merced

Essa basílica de1779, situada no movimentado Microcentro, é a terceira igreja dedicada a Nossa Senhora das Mercês nesse local, sendo que a primeira foi construída em 1604. Barrocos e dourados, seus altares são alguns dos mais belos da cidade. Sua fachada se destaca, onde um relevo mostra o general Belgrano (1770-1820) oferecendo à Virgem os troféus ganhos na batalha vitoriosa contra os espanhóis. *Mapa F1 • Calle Reconquista 207 • Aberta 8h-19h diariam*

8 Museo Mitre

Inaugurado como museu em 1907, a antiga residência do presidente Bartolomeu Mitre, que governou o país no século XIX, mostra como ele levou uma vida quase reclusa em meio à loucura do Microcentro. Sua biblioteca contém grossos volumes e cartas

A elegante Puente de la Mujer

Basilica Nuestra Señora de la Merced

de generais argentinos. Peças da época, de utensílios de banho de porcelana aos ladrilhos espanhóis no pátio, estão em ótimo estado de conservação. *Mapa F1*
• *Calle San Martín 336* • *4394-8240*
• *Aberto 13h-17h30 seg-sex* • *Entr. paga*
• *www.museomitre.gob.ar*

9 Plaza de Mayo

A simetria da praça esconde as turbulências ocorridas antes de estabelecidas suas atuais dimensões. Para abrir espaço para a Avenida de Mayo, três arcos foram destruídos de sua arcada em 1889. Em 1931, a Avenida Julio A. Rocha foi terminada, requerendo a demolição de mais três arcos, deixando-nos a vista que temos hoje *(pp. 8-9)*.

10 Plaza Embajada de Israel

Ali foram plantadas 29 árvores, uma para cada vítima do ataque terrorista à embaixada de Israel na Argentina, em 1992 *(p. 33)*. O local é hoje uma praça, onde os nomes das vítimas foram gravados em uma parede. A planta da antiga embaixada ainda está gravada no edifício adjacente, dando a noção da escala física da tragédia. *Mapa Q4*
• *Calle Suipacha com Calle Arroyo*
• *Aberta diariam* • *Entrada grátis*

Um Dia ao Redor do Microcentro, Puerto Madero e Retiro

Manhã

No cruzamento da Avenida de Mayo com a Avenida 9 de Julio (servido pelas linhas A e C do metrô), dê uma olhada no **Obelisco** *(p. 20)* na estátua em homenagem a Dom Quixote. Caminhe pela Avenida de Mayo em direção à Plaza de Mayo, visite **El Cabildo** *(p. 8)* e preste homenagem ao grande libertador San Martín no interior da **Catedral Metropolitana** *(p. 8)*. Desça a Calle San Martín para um café da manhã tardio e um alfajor *(p. 53)* em um dos cafés da **Galería Güemes** *(p. 39)* e aprecie no caminho a grandiosidade dos edifícios do início do século XX. Saia na **Calle Florida** *(p. 81)* e percorra um quarteirão de consumismo desenfreado antes de virar na J. D. Perón e segui-la até o fim em direção a Puerto Madero.

Tarde

Compre uma garrafa de água num quiosque de Puerto Madero, pegue um táxi e peça que ele o leve à porta sul da **Reserva Ecológica Costanera Sur**. Dentro do parque, fique de olho nas aves que sobrevoam a costa. Descanse em um local para piqueniques à sombra e aprecie a vista do rio e a silhueta dos prédios da cidade. Depois, volte à Avenida Córdoba e siga por ela até a Calle San Martín para uma pizza na **FILO** *(p. 85)*. Dali, vá até o Retiro para fazer uma terapia consumista nas lojas de artesanato *(pp. 38-9)* e aproveite e dê um descanso sob as árvores da **Plaza San Martín** *(p. 81)*.

Plata Nativa; Sapatos de tango da Flabella

TOP 10 Lojas

1 Plata Nativa
Arte popular sul-americana e joias são vendidas nesse espaço sugestivo. *Mapa Q5 • Galería del Sol, Calle Florida 860 • 4312-1398*

2 Blaqué
Essa loja de bom gosto oferece jaquetas de couro, malas e sapatos dignos de uma loja Fendi. *Mapa Q5 • Galerías Pacífico, Calle Florida 725 • 4313-5565*

3 Librería Alberto Casares
Tem livros novos, usados e antigos, além de uma seção especial com primeiras edições raras da Argentina e da América Latina. *Mapa Q6 • Calle Suipacha 521 • 4322-6198*

4 Polo Club
Roupas esportivas de algodão e acessórios de couro de qualidade emprestam uma estética de *country club* a esse pequeno espaço. *Mapa R6 • Calle Juana Manuela Gorriti 740, Dique 4 • 4331-0705*

5 Militaria Martinez
Essa loja tradicional nas Galerías Larreta vende suvenires militares nacionais e internacionais. *Mapa Q5 • Calle Florida 971 • 4311-7305*

6 Cardon
Essa marca luxuosa tem roupas estilosas para usar na cidade ou no campo. Trata-se do local perfeito para se paramentar para uma escapada rural. *Mapa F1 • Av. Roque Saenz Pena 555 • 5219-1426*

7 Magna Arte Argentino
Essa galeria não é a maior da cidade, mas oferece sempre qualidade acima da média. Estão expostas, entre outras, obras de artistas reconhecidos do fim do século XIX e meados do XX. *Mapa P5 • Plaza Libertad 1033 • 4815-2792*

8 Autoria
Artigos para a casa, camisetas pintadas de tiragem limitada, livros de arte e peças de multimídia, tudo obras de artistas locais, dão à loja um toque de MALBA *(pp. 22-3)*. *Mapa Q5 • Calle Suipacha 1025 • 5252-2474*

9 Prüne
Dita a moda no universo feminino de sapatos, bolsas e outras peças. A Prüne cria designs tanto para sapatos básicos do dia a dia como modelos deslumbrantes para a noite. *Mapa Q5 • Calle Florida 963 • 4893-2641*

10 Flabella
O tango pode cansar os pés – principalmente de quem está começando –, então sapatos de boa qualidade são essenciais. Os modelos masculinos e femininos da Flabella são artesanais e personalizados. *Mapa Q6 • Calle Suipacha 263 • 4322-6036*

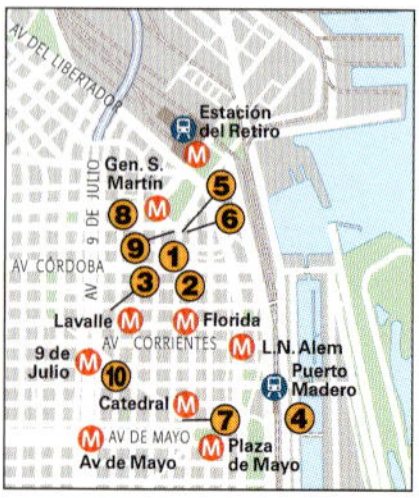

Florida Garden

Categorias de Preço		
Refeição para uma pessoa, com três pratos, uma taça de vinho ou cerveja, impostos e serviço.	$	até US$10
	$$	US$11-US$15
	$$$	US$16-US$25
	$$$$	US$26-US$35
	$$$$$	acima de US$35

TOP 10 Bares e Restaurantes

1 Florería Atlántico
Essa encantadora floricultura também vende discos de vinil e vinhos, enquanto o piso inferior abriga um dos bares mais agitados da cidade. *Mapa Q4 • Calle Arroyo 872 • 4313-6093 • $*

2 Cabaña Las Lilas
O choque de ostentação dessa que é considerada a melhor churrascaria da cidade pode ser mitigado na hora do almoço, quando os preços são mais acessíveis. *Mapa G2 • Av. Alicia Moreau de Justo 516, Puerto Madero • 4313-1336 • $$$$$*

3 Bengal
Reserve com antecedência para apreciar a fascinante fusão de pratos indianos e italianos. *Mapa Q5 • Calle Arenales 837 • 4314-2926 • Somente almoço • $$$$$*

4 FILO
A decoração irreal reflete a criatividade dessa pizzaria, que oferece tortas exclusivas, superadas apenas pelas saladas imensas. A FILO também expõe pinturas em seu salão. *Mapa Q5 • Calle San Martín 975 • 4311-1871 • $$$*

5 Dill & Drinks
Para começar, peça um coquetel no bar e depois passe para o cardápio em estilo bistrô do restaurante. Ambiente divertido e simpático. *Mapa Q5 • Calle San Marin 986, Microcentro • 4515-0675 • $$$$*

6 Tomo 1
Cozinha portenha delicada servida em uma sala majestosa. *Mapa P6 • Calle Carlos Pellegrini 521, Microcentro • 4326-6695 • $$$$$*

7 BASA
Boa comida e drinques excelentes servidos em um espaço descolado e moderno. O happy hour, das 19h às 21h, é a oportunidade perfeita para observar os mixologistas em ação no bar. *Mapa Q4 • Basavilbaso 1328 (entre Av. del Libertador e Calle Juncal) • 4893-9444 • $*

8 Dadá
Em meio a móveis e antiguidades, homens de negócios e mulheres elegantemente vestidas partilham um almoço ou o happy hour estendido. *Mapa Q5 • Calle San Martín 941 • 4314-4787 • $$$*

9 Florida Garden
O ambiente moderno esconde o passado do Florida Garden como refúgio de intelectuais. Ali, Borges *(p. 59)* e seu grupo discutiam enquanto comiam uma pizza. *Mapa Q5 • Calle Florida 899 • 4312-7902 • $*

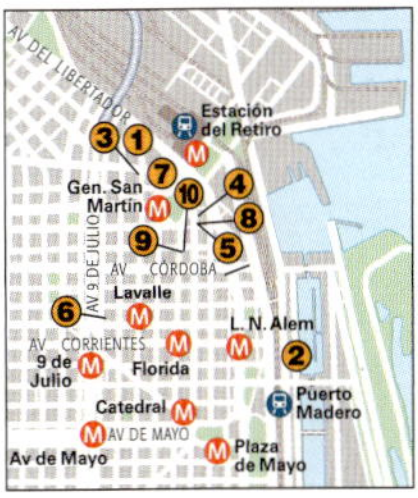

10 Sipan
Esse restaurante discreto, que mistura comida peruana e japonesa, serve arroz e peixes. Prove o ceviche de frutos do mar ou o *tiradito*, a versão japonesa. *Mapa Q5 • Calle Paraguay 624 • 4311-6875 • $$$$$*

Plaza Serrano; Butique chique em uma rua de Palermo

Palermo

PALERMO É ATUALMENTE A PALAVRA-CHAVE *para tudo que está na moda na Argentina – merecidamente, aliás, dada a profusão de butiques de moda, hotéis minimalistas e restaurantes de bom gosto que se espalharam pelo bairro depois da crise econômica. As tatuagens e os cortes de cabelo assimétricos que se veem nas reformadas* casas chorizos *de Palermo Viejo causariam escândalo em meio às embaixadas neoclássicas e belas mansões de Palermo Chico. Entre eles, porém, há muito em comum: as mais belas áreas verdes de Buenos Aires, que se estendem da Recoleta e atravessam o bairro de Belgrano.*

Galeria de arte contemporânea do MALBA

TOP 10 Destaques

1. MALBA
2. Jardín Japonés
3. Museo Evita
4. Museo de Arte Popular José Hernández
5. La Rural
6. Campo Argentino de Polo
7. Jardín Zoológico
8. Museo Xul Solar
9. Plaza Serrano
10. Planetário Galileo Galilei

1 MALBA

Até recentemente, a arte latino-americana não era considerada de grande valor comercial pelo mercado de arte. Nas décadas de 1980 e 1990, porém, a aquisição da coleção de arte *rioplatense* de Eduardo Constantini iniciou uma revisão internacional da obra de Xul Solar, Hélio Oiticica, Roberto Matta e outros, levando suas obras a preços recordes nos leilões de arte. Essas obras hoje estão no MALBA, um museu de classe internacional *(pp. 22-3)*.

2 Jardín Japonés

As fotos de lagos de carpas e pontes que se veem nos guias de turismo pertencem ao Jardín Japonés, que possui bonsais, santuários e pagodes. O jardim, presente da comunidade japonesa da cidade, também tem um sushi bar, que serve impecáveis sashimis.

Mapa M2 • Av. Casares 2966 • 4804-4922 • Aberto 10h-18h diariam; restaurante: 10h-18h, 19h30-24h qua-seg • Entr. paga • www.jardinjapones.org.ar

Jardín Japonés

Museo Evita

3 Museo Evita

Para uma mulher cujo carisma rivalizava com o de seu marido, um político à beira do fascismo, Eva Perón é lembrada por sua graça, beleza e saúde frágil. O Museo Evita, um edifício elegante, era anteriormente um alojamento criado por Evita em 1948 para abrigar mulheres argentinas que chegavam a Buenos Aires em busca de trabalho. Os vestidos e cartas da ex-primeira-dama dividem espaço com os cartazes de propaganda e os vídeos legendados feitos durante campanhas políticas. *Mapa L3 • Calle Lafinur 2988 • 4807-0306 • Aberto 11h-19h ter-dom • Entr. paga • Visitas guiadas • www.museoevita.org*

4 Museo de Arte Popular José Hernández

Nenhum outro museu evoca esse grande e diverso país como esse, que leva o nome do Homero argentino, José Hernández *(p. 33)*, autor do poema épico de 1872, *Martín Fierro*. São dois andares de peças folclóricas, têxteis, armas e joias, produzidos da gelada Terra do Fogo até as florestas subamazônicas das Misiones, reunidas ao redor de um jardim florido nesse antigo hotelzinho.

Mapa M2 • Av. del Libertador 2373 • 4803-2384 • Aberto 13h-19h ter-sex, 10h-20h sáb-dom • Entrada paga • Visita guiada: 4801-9019 • www.museohernandez.buenosaires.gob.ar

Palermo Não Tão Velho

Bairro conhecido por mecânicas de automóveis e casas de idosos que liderou o ressurgimento da Buenos Aires pós-crise. As *casas chorizos* (casas em estilo italiano) de Palermo Viejo foram reformadas para abrigar butiques e restaurantes. O bairro também é chamado de Palermo Soho, uma referência ao gosto urbano--chique de seus novos moradores.

5 La Rural

A Sociedad Argentina Predio la Rural, ou La Rural, ocupa um endereço famoso há mais de 120 anos, na esquina de Sarmiento com Santa Fe. Shows equestres, leilões de gado, uma feira agrícola anual *(p. 42)* e outras exposições como a BA Fashion Week e a Arte BA são realizadas nesse local.

Mapa L2 • Av. Sarmiento 2704 • 4777-5500 • www.larural.com.ar

Elefantes no Jardín Zoológico

6 Campo Argentino de Polo

O polo, um esporte aristocrático, é popular na Argentina há mais de um século. O neoclássico Campo Argentino de Polo de Palermo, também conhecido como La Catedral, abriga 30 mil espectadores e é o centro espiritual do esporte na Argentina. Pode ser difícil conseguir ingressos para o torneio aberto de dezembro, mas as partidas da primavera são uma ótima introdução à competição e custam bem menos. *Mapa K1 • Arevalo 3065 • 4777-6444 • Aberto set-dez • www.aapolo.com; www.ticketek.com.ar*

7 Jardín Zoológico

Muitos dos animais desse zoológico vivem num ambiente similar a seu habitat nativo – elefantes-indianos passeiam ao redor de um templo em miniatura, enquanto pandas circulam num pavilhão chinês. Seus mais famosos moradores são os tigres--brancos-de-bengala.

Mapa L2 • Av. Las Heras com Sarmiento • 4011-9900 • Aberto 10h-18h diariam • Entr. paga • www.zoobuenosaires.com.ar

8 Museo Xul Solar

A imaginação sem limites do maior pintor expressionista da Argentina quase não pode ser contida dentro desse museu, que já foi residência do artista. A exposição permanente contém

Campo Argentino de Polo

Drago **(Dragão), Museo Xul Solar**

as aquarelas figurativas de Solar, fruto de influências europeias e do desenvolvimento de sua linguagem metafísica. As galerias em vários níveis permitem que a paleta de cores de Solar, visível em seus luminosos pastéis, se destaque *(p. 22).* *Ⓢ Mapa M4 • Calle Laprida 1212 • 4824-3302 • Aberto 12h-20h ter-sex, 12h-19h sáb • Entr. paga • Visitas 16h ter e qui, 15h30 sáb • www.xulsolar.org.ar*

9 Plaza Serrano

A Plaza Serrano, também conhecida como Plazoleta Cortázar, é o centro da região Palermo Viejo-Soho-Hollywood. A partir dessa praça comum, as ruas mais na moda de Palermo Viejo se irradiam em todas as direções. *Ⓢ Mapa K3 • Calles Borges com Honduras*

10 Planetário Galileo Galilei

Com uma imensa esfera apoiada sobre um tripé e parecendo uma nave alienígena de filme de ficção científica, esse planetário é um dos melhores do continente em termos de pesquisa astronômica. O espetáculo mostra imagens de missões realizadas por satélites. A maior atração são três meteoritos pré-históricos recuperados nas províncias do noroeste. *Ⓢ Mapa M1 • Av. Sarmiento com Belisario Roldán • 4771-6629 • Apresentações (uma por hora): 13h-16h30 ter-sex; 14h-18h sáb, dom e feriados • Entr. paga • www.planetario.gov.ar*

Uma Tarde Agradável em Palermo

Tarde

Comece a tarde passeando entre o labirinto de ruas a leste da Avenida Figueroa Alcorta, passando por belas mansões e embaixadas, e vá até o **MALBA** *(p. 87).* Depois, reflita se as obras latino-americanas expostas no MALBA são ou não ofuscadas por seu belíssimo edifício. Não deixe de visitar a fabulosa loja de suvenires. Depois, continue caminhando pela Avenida Figueroa Alcorta até o **Jardín Japonés** *(p. 87).* Se a enorme carpa que nada no lago central despertar seu apetite, peça omakase (à escolha do chef) no sushi bar do jardim, que também serve deliciosos bolos com chá. Em seguida, tenha uma noção de como foi a vida da eterna primeira-dama argentina no **Museo Evita** *(p. 87),* na Calle Lafinur.

Fim da Tarde

Continue até a Plaza Italia, suba a pé pela Calle Jorge Luis Borges e explore a Plaza Serrano, o centro da vida noturna de Palermo Soho. Seus cafés lotam ao anoitecer, e, bem mais tarde, o público dos bares invade o espaço da praça. O Pain et Vin *(p. 92),* na vizinha Calle Gorriti, é o local perfeito para um petisco antes do jantar. Relaxe com uma taça de vinho acompanhada de queijos e pão fresquinho. Caminhe pelas imediações, onde há várias boas opções para uma refeição noturna. O Uco Restaurant *(p. 93),* a cinco quarteirões de Palermo Hollywood, constitui uma ótima escolha.

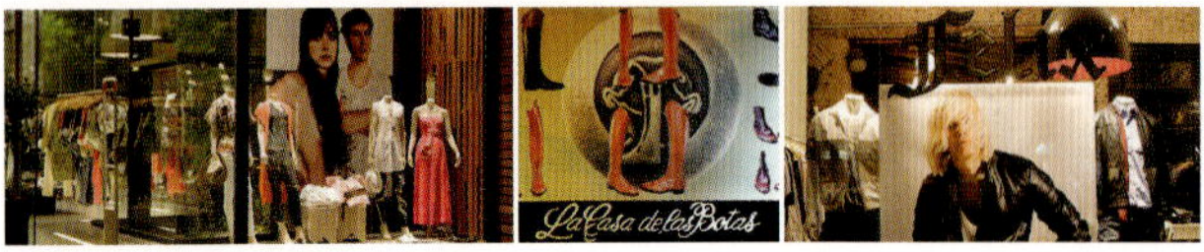

María Cher; La Casa de las Botas; Felíx

Top 10 Lojas em Palermo

1 Carla Di Sí
Óculos de sol e armações elegantes assinadas por designers de óculos da América Latina. ✆ *Mapa K4 • Calle Gurruchaga 1677 • 4832-1655*

2 Hermanos Estebecorena
Roupas masculinas com toque moderno, criadas por irmãos que também são designers industriais. Há ainda grande variedade de sapatos e roupas íntimas, o que torna o local perfeito para renovar o guarda-roupa. ✆ *Mapa J2 • Calle El Salvador 5960 • 4772-2145*

3 La Casa de las Botas
Botas de cores para equitação estão disponíveis nessa loja. As botas de cano curto, chamadas Jodhpur, fazem sucesso nos desfiles de moda. ✆ *Mapa K2 • Calle Paraguay 5062 • 4776-0762*

4 Paul French Gallery
Uma das lojas mais charmosas de Palermo, a Paul French abriga uma coleção exclusiva de artigos de cama e mesa, além de utensílios de cozinha e de papelaria. Somente com hora marcada. ✆ *Mapa K4 • Calle Gorriti 4865 • 4833-2209*

5 María Cher
O estoque de requintadas roupas de algodão e seda de María Cher passa por constante rotatividade. ✆ *Mapa K4 • Calle El Salvador 4724 • 4833-4736*

6 Sabater Hnos. Fábrica de Jabones
Sabonetes artesanais de todas as texturas e cores enchem as prateleiras dessa loja alegre, que também é fábrica. ✆ *Mapa K3 • Calle Gurruchaga 1821 • 4833-3004*

7 Capital Diseño y Objetos
A Capital vende *sousplats* de couro e cadeiras modernistas, além de móveis e brinquedos infantis. ✆ *Mapa K4 • Calle Honduras 4958 • 4834-6555*

8 Felíx
Com calças jeans de corte perfeito para homens e camisetas nas cores primárias, a Félix também tem uma filial na Recoleta *(Libertad 1627)*. ✆ *Mapa K4 • Calle Honduras 4916 • 4832-2164*

9 AY Not Dead
Quem quer uma roupa de noite com toque artesanal e mais descolado do que na Galería Bond Street *(p. 9)* deve visitar essa loja. ✆ *Mapa L3 • Calle Gurruchaga 1637 • 4833-2999*

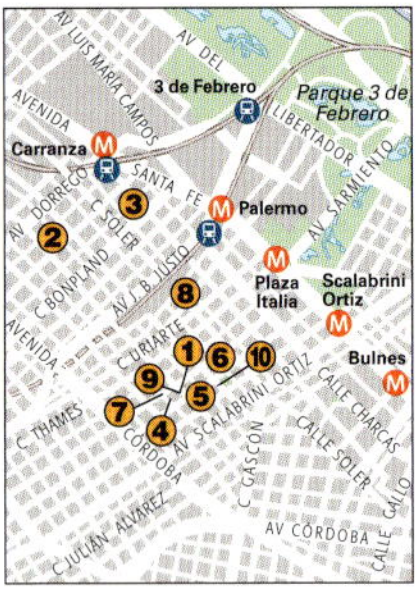

10 Humawaca
Esse é o local para encontrar acessórios de couro belos e ousados, como suporte de iPad, pastas para laptop e bolsas modernas de várias cores. Há também variedade de carteiras e luvas. ✆ *Mapa K4 • Calle El Salvador 4692 • 4832-2262*

Quimbombó; Pabellón 4

TOP 10 Multiespaços

1 Eterna Cadencia

Essa é uma das raras livrarias que fazem a gente se sentir cosmopolita. Oferece livros de arte encantadores e uma boa seleção de títulos, além de um café acolhedor. É também uma editora. *Mapa J3 • Calle Honduras 5574 • 4774-4100*

2 Pabellón 4

Além de vitrine para as obras de designers industriais e performances, o Pabellón 4, um veterano espaço eclético, também conta com um nostálgico bar e café. *Mapa J3 • Calle Uriarte 1332 • 4772-8745*

3 Carnal

Famoso pelas festas que são realizadas em seu terraço, o bar-lounge Carnal tem uma decoração *trailer-trash*, com prateleiras lotadas de bebidas. *Mapa K4 • Calle Niceto Vega 5511 • 4772-7582*

4 DAIN Usina Cultural

Essa grande e moderna livraria e galeria de arte sedia leituras e workshops. O calendário de eventos do mês está disponível on-line. *Mapa K3 • Calle Nicaragua 4899 • 4778-3554*

5 Escarlata

Ponto de encontro dos artistas do bairro, os vernissages são muito badalados. *Mapa J4 • Calle Serrano 1408 • 4833-9373*

6 Quimbombó

Restaurante bem arejado e moderno, o Quimbombó serve maravilhosa comida peruana-asiática. Há um ótimo terraço e jazz ao vivo toda quarta a partir das 22h. *Mapa K4 • Calle Costa Rica 4562 • 4831-5556*

7 Arte de Mafia

Depois das 22h, bandas de jazz acompanham os pratos italianos com versões livres de canzonette italiane e tarantelle. *Mapa K3 • Calle El Salvador 4975 • 4831-9213*

8 Il Ballo del Mattone

Esse restaurante italiano em Palermo Hollywood tem música ao vivo à noite e uma coleção de arte original exposta em suas paredes. *Mapa J3 • Calle Gorriti 5737 • 4776-4247*

9 Pehache

Tudo para casa, da cozinha ao escritório; há inclusive um serviço de design de interiores. O café serve saladas, sanduíches e boas sobremesas. *Mapa J4 • Calle Gurruchaga 1418 • 4832-4022*

10 The Argentine Experience

Prepare um coquetel e aprenda a fazer empanadas *(p. 52)* antes de jantar um belo filé. Há também opções vegetarianas. *Mapa J2 • Calle Fitz Roy 2110 • 4434 6643*

Mundo Bizarro; Verne Club

TOP 10 Bares

1 Verne Club
Esse bar com confortáveis sofás e poltronas de couro tem como inspiração as obras de Júlio Verne. Experimente o clássico coquetel Sidecar, preparado por um dos barmen mais famosos da cidade. *Mapa L4 • Av. Medrano 1475 • 4822-0980*

2 Pain et Vin
Local charmoso que oferece uma boa seleção de vinhos em taça, assim como ótimos queijos, pães, saladas e sanduíches. *Mapa J3 • Calle Gorriti 5132 • 4832-5654*

3 Mundo Bizarro
Símbolos da arte alternativa fazem do Mundo Bizarro um pedaço do mundo *kitsch* do sul da Califórnia. Mas os barmen sabem preparar um coquetel de uísque. *Mapa J4 • Calle Serrano 1222 • 4773-1967*

4 Antares
A boa seleção de cervejas artesanais e o cardápio eclético fazem desse bar uma opção disputada. *Mapa K1 • Calle Arévalo 2876 • 4772-2133*

5 Sugar
Esse bar, popular entre os estrangeiros, oferece happy hour de qualidade todas as noites, com lanches típicos americanos como hambúrgueres e asas de frango. É conhecido pela música dos anos 1980 e 1990. *Mapa K3 • Calle Costa Rica 4619 • 4831-3276*

6 Crónico Bar
A fachada se abre para a rua, prometendo diversão e agito. *Mapa K3 • Calle Jorge Luis Borges 1646 • 4833-0708*

7 Tiempo de Gitanos Bar y Fonda
Reserve um lugar para o show com jantar nesse restaurante e bar de flamenco. *Mapa J3 • Calle El Salvador 5575 • 4776-6143*

8 Frank's
Após digitar a senha do Facebook ou do Twitter para entrar, misture-se a pessoas simpáticas nesse bar moderno. *Mapa J2 • Calle Arévalo 1445 • www.franks-bar.com*

9 Magdalena's Party
Local popular entre o público jovem, o Maggie oferece bebidas variadas e a moçada alegre costuma se espalhar pela calçada. *Mapa K3 • Calle Thames 1795 • 4833-9127*

10 878
Ninguém chega ao 878 por acaso, já que ele fica afastado do agito de Palermo Viejo e situado na vizinha Villa Crespo. O bar acomoda cerca de 50 clientes ao redor de suas mesas antigas. Há ainda um bar secreto nos fundos. *Mapa J4 • Calle Thames 878 • 4773-1098*

La Cabrera

Categorias de Preço

Refeição para uma pessoa, com três pratos, uma taça de vinho ou cerveja, impostos e serviço.

$	até US$10
$$	US$11-US$15
$$$	US$16-US$25
$$$$	US$26-US$35
$$$$$	acima de US$35

TOP 10 Restaurantes

1 Ølsen
A cozinha leve da Escandinávia causou sensação aos portenhos, um pessoal viciado em carne, quase inteiramente graças ao Ølsen. Experimente o sanduíche aberto de gravlax (salmão marinado). ✆ *Mapa J3 • Calle Gorriti 5870 • 4776-7677 • $$$$$*

2 La Cabrera
Reserve ou chegue cedo para saborear a melhor carne de Palermo, servida no interior de um bistrô de esquina ou sob o toldo na calçada. ✆ *Mapa J4 • Calle J A Cabrera 5099 • 4831-7002 • $$$$*

3 Casa Cruz
Na Casa Cruz, celebridades saboreiam o magret de pato e vinhos reserva especiais. ✆ *Mapa J3 • Calle Uriarte 1658 • 4833-1112 • $$$$$*

4 El Trapiche
Nessa parrilla com mesas cobertas por toalhas brancas, os Malbecs acompanham a carne. O lombo está entre os melhores de Palermo, e os deliciosos sorvetes podem ser compartilhados. ✆ *Mapa K2 • Calle Paraguay 5099 • 4772-7343 • $$$*

5 El Preferido de Palermo
Essa venda italiana de 75 anos serve pratos como tortilla Espanola (omelete espanhol) com chucrute. ✆ *Mapa K3 • Calle Jorge Luis Borges 2108 • 4774-6585 • $$$*

6 Buenos Aires Verde
Criativa, fresca e deliciosa comida vegetariana orgânica. Não deixe de provar as sobremesas de chocolate. ✆ *Mapa J3 • Calle Gorriti 5657 • 4775-9594 • $$$*

7 Paraje Arévalo
Restaurante charmoso, tem cardápio apetitoso que pode ser acompanhado de vinho. O foco é a simplicidade, com uma pitada de gastronomia molecular. ✆ *Mapa J2 • Calle Arévalo 1502 • 4775-7759 • $$$$$*

8 Azema Exotic Bistró
Carneiro com massala, macarrão vietnamita e salmão assado no tandoor (forno de barro) compõem o eclético cardápio. ✆ *Mapa J3 • Calle Angel Carranza 1875 • 4774-4191 • $$$*

9 Uco Restaurant
Os melhores ingredientes da estação preparados com simplicidade e capacidade. Cordeiro e filés excelentes, além dos mais frescos frutos do mar e carta de vinhos composta pelo diretor da Associação Argentina de Sommeliers. ✆ *Mapa J2 • Calle Soler 5862 • 3220-6800 • $$$$$*

10 Bio
Comida criativa, totalmente orgânica e vegetariana, feita com ingredientes locais. O clima é informal, com móveis de madeira e amplas janelas. ✆ *Mapa K2 • Calle Humboldt 2192 • 4774-3880 • $$$*

Punta del Este; Tigre

Fora de Buenos Aires

EMBORA BUENOS AIRES seja o óbvio centro de atenção da região do rio da Prata, as comunidades que a cercam – que ocupam deltas de rio ou terrenos montanhosos – vivem num ritmo todo próprio. Há mais de um século, frutas e madeiras são transportadas por um labirinto de afluentes do Tigre, apenas 25km ao norte do Retiro. O espírito romântico dos gaúchos que dominaram os incomensuráveis pampas é celebrado em Mataderos, uma comunidade a sudoeste da capital, e na histórica vila de San Antonio de Areco. Graças aos aviões e barcos que partem para Montevidéu, Colonia del Sacramento, uma verdadeira joia colonial, e a praia da moda, Punta del Este, no Uruguai, sem dúvida figuram entre os destinos preferidos dos portenhos. Esses lugares geralmente são mais adequados a viajantes impulsivos.

Colonia del Sacramento

TOP 10 Destaques

1. Montevidéu
2. Colonia del Sacramento
3. Mar del Plata
4. Tandil
5. Tigre
6. San Antonio de Areco
7. Punta del Este
8. Pinamar
9. Mataderos
10. Isla Martín García

Convém planejar com certa antecedência a viagem a esses lugares em períodos de férias e feriados.

Plaza Independencia, Montevidéu

1 Montevidéu

Quase metade dos 3,7 milhões de cidadãos do Uruguai vive na capital, Montevidéu. Famosos por sua hospitalidade e orgulho cívico, os habitantes da capital se reúnem a qualquer hora na Plaza Independencia *(p. 98)* para comer uma especialidade local, o chivito (sanduíche de bife). A Ciudad Vieja lembra San Telmo pela reinvenção da vida noturna e reflorescimento da gastronomia. Ao contrário de sua imensa vizinha às margens do rio da Prata, Montevidéu parece uma cidade costeira, com praias e *paseos* que margeiam profundas águas azuis. *Mapa B4*

2 Colonia del Sacramento

A 50 minutos de Puerto Madero num barco rápido da Buquebus *(p. 25)*, Colonia é uma cidade do século XVIII situada num rochedo estratégico. Alguns preferem passar a noite em uma de suas encantadoras *posadas* e alugar uma *scooter* para explorar as praias da região. O que todos sempre fazem é curtir a atmosfera colonial em um café com mesas na calçada *(pp. 24-5)*.

3 Mar del Plata

Parecendo um modelo em pequena escala de Buenos Aires, Mar del Plata fica a cinco horas da capital. Com atrações cosmopolitas e arranha-céus, a cidade é lugar de agitação. A praia Bristol vive lotada de famílias protegidas sob guarda-sóis e vendedores ambulantes que oferecem de tudo, da pipoca à massagem. Os frutos do mar, trazidos pelos barcos pesqueiros, estão presentes na maioria dos cardápios. *Mapa B6*

4 Tandil

Com vista das planícies dos pampas, que começam no entorno de Buenos Aires e se estendem por centenas de quilômetros, a cidade de Tandil, situada a 500m de altitude, é irresistível para quem não tem tempo ou pesos para ir à Patagônia. Pode-se chegar a El Centinela, um rochedo de 7m equilibrado no alto de uma montanha, por um teleférico. Na cidade, os bares ao redor da praça e as mercearias que oferecem geleias caseiras, queijos e linguiças defumadas são uma recompensa aos que retornam da escalada diária. *Mapa A5*

Subindo o Rio pela Ferrovia

O Tren de la Costa (US$5 ida e volta) liga Bartolomé Mitre a Tigre. É uma viagem de 30 minutos, partindo da estação do Retiro na linha Mitre até Bartolomé Mitre. Uma passagem de pedestres leva à Estación Maipú. Entre Maipú e Tigre fica San Isidro, uma área verde à beira do rio, e pitorescas pequenas estações. O bilhete do Tren de la Costa vale por um dia inteiro.

5 Tigre

O trem mais moderno da região, o Tren de la Costa *(p. 60)* termina em Tigre, antigo centro agrícola e local de descanso dos portenhos na confluência dos rios Luján e Tigre. Clubes de remo palacianos e casas-barco ladeiam o Paseo Victorica, onde barcos de madeira oferecem excursões, passando sob a copa de salgueiros e coníferas. O porto tem um parque de diversões, cassino e feira de artesanato. *Mapa B4*

6 San Antonio de Areco

Apenas 110km a sudoeste de Buenos Aires, essa cidade intocada tem um centro histórico. Edifícios dos séculos XVIII e XIX e lampiões de ferro batido margeiam as ruas de pedra ao redor da Plaza Ruíz de Arellano. Fora da cidade, há *estancias* (fazendas) familiares de criação de gado e cavalos. San Antonio fica cheia por ocasião do Día de la Tradición, comemorado em novembro. *Mapa A4 • www.sanantoniodeareco.com*

7 Punta del Este

A cada verão, a mídia de Buenos Aires se agita na cobertura dos portenhos famosos que tomam sol, jogam e se divertem nas boates de Punta del Este, o equivalente uruguaio de Miami Beach. O agito de celebridades, porém, não se compara à beleza natural de Punta – dunas de areias brancas dominadas por penhascos escarpados. Na alta estação, a companhia Sol tem voos baratos de uma hora várias vezes por dia, saindo do Aeroparque Jorge Newbery, e há opções de hospedagem em todas as faixas de preço. *Mapa C4*

8 Pinamar

Empoleirada sobre uma ponta de terra arborizada, Pinamar tem esse nome devido aos incongruentes pinheiros plantados no local pela família que fundou o balneário. Para os portenhos, Pinamar é sinônimo de golfe, que tem atraído mais

Passeio de barco pelo pitoresco rio Tigre

Um típico gaúcho a cavalo

famílias para essa que era antes uma praia frequentada pela alta sociedade. Ao contrário das costas de seixos ao norte e ao sul, as praias de Pinamar são macias e douradas. *Mapa B5*

9 Mataderos

Para turistas sem tempo de conhecer uma estância ou San Antonio de Areco, a feira de Mataderos é uma ótima alternativa. No bairro a sudoeste, havia matadouros que abasteciam Buenos Aires, mas hoje poucos deles sobrevivem. Em seu lugar, surgiu uma feira popular que funciona aos fins de semana, com músicas e danças folclóricas, exibições de equitação e *artesanía*.
Mapa A4 • Calle Lisandro de la Torre com Av. Directorio • Feira: mar-dez: 11h-20h dom; jan e fev: a partir das 18h sáb • www.feriademataderos.com.ar

10 Isla Martín García

A vegetação dessa pequena ilha do delta dá a impressão de uma cidadela impenetrável. Curiosamente, os prisioneiros políticos eram confinados ali até a década de 1960. Hoje, a prisão abandonada e a paisagem atraem portenhos e estrangeiros. No Natal, a única padaria da ilha trabalha em horas extras para produzir um bolo de frutas semelhante ao panetone.
Mapa A4

Um Dia em Montevidéu

Manhã

Pegue uma maleta de praia e vá tomar um típico café da manhã, com torradas e café, em um dos excelentes cafés da cidade. Os ônibus municipais partem da Avenida 18 de Julio para a **Playa Ramírez**, 2km a leste. Situada bem em frente ao **Parque Rodó**, um parque arborizado de **Montevidéu** *(p. 95)*, a praia é limpa, próxima da Ciudad Vieja e uma mostra da irresistível grandiosidade (o edifício neocolonial dos escritórios regionais do Mercosul são seu pano de fundo). Alguns brinquedos e quiosques de chivito ali perto mantêm as crianças felizes e alimentadas.
Se quiser um pouco de sombra, atravesse a avenida, entre no **Parque Rodó** e alugue uma bicicleta ou um pedalinho.

Noite

As ruas da Ciudad Vieja, especialmente a Calle Sarandí, têm opções para quem quer comer ou beber. Compartilhe uma garrafa do vinho local, o Tannat, no **Baar Fun Fun** *(p. 99)* e pergunte ao barman qual é seu restaurante preferido na região. Uma boa escolha é o **Dueto Restaurant**, local encantador com excelentes antepastos, peixes, carnes grelhadas e uma extensa carta de vinhos (Calle Bartolomé Mitre 1386; $$$$$). As casas noturnas começam a ferver por volta da meia-noite, e a **Lotus Club** (World Trade Center 11300) é uma das mais procuradas da cidade. Seu interior é impressionante, de tema intergaláctico.

La Barra, Punta del Este, Uruguai; Plaza Independencia, Montevidéu

TOP 10 Outras Atrações

1 Barrio Histórico, Colonia
Embora seja possível conhecer o centro histórico de Colonia em uma tarde, muitos visitantes preferem dedicar mais tempo aos seus sete museus, na arborizada Plaza Mayor *(p. 24)* e aos lindos cafés com mesas na calçada. *Mapa B4*

2 Plaza Independencia, Montevidéu
Ligando Montevidéu à sua longa história, a Plaza Independencia é dominada pelo Palacio Salvo, uma cópia do Palacio Barolo de Buenos Aires *(p. 95)*. *Mapa B4*

3 Museo de Arte Tigre, Tigre
Esse antigo cassino, considerado um dos mais belos edifícios beaux arts do país, hoje abriga uma excelente coleção de arte argentina. *Mapa A4 • Paseo Victorica 972, Tigre • 4512-4528 • Aberto 9h-19h qua-sex, 12h-19h sáb-dom*

4 Casino Central, Mar del Plata
Construído na década de 1930, o Casino Central pode não ser mais uma lembrança de Mônaco nos pampas, mas ainda está um degrau acima das construções típicas de um balneário. *Mapa B6 • Bulevar Maritimo Peralta 2100 • 223-410-4450*

5 A Feira de Mataderos
Bailarinos de todas as idades dançam ao som da música folclórica argentina, enquanto os espectadores saboreiam um sanduíche de *chorizo* nessa famosa feira dos pampas dos fins de semana *(p. 97)*.

6 Centro Histórico, San Antonio de Areco
Edifícios municipais no estilo italiano do século XIX impecavelmente preservados, fábrica de peças de prata e *pulperías* são testemunhas das fortunas existentes nesse centro agrícola no passado. *Mapa A4*

7 La Barra, Punta del Este
Nessa ponta de terra de La Barra, coexistem, milagrosamente, os hotéis mais tranquilos e uma vida noturna exclusiva e agitada. *Mapa C4*

8 Avenidas Bunge e del Mar, Pinamar
A principal avenida de Pinamar, uma via de três pistas ladeada de lojas de moda nacional, lojas de artigos de golfe e restaurantes com mesas ao ar livre, termina na pitoresca Avenida del Mar. *Mapa B5*

9 Residências Presidenciais, Isla Martín García
Ex-presidentes que se opunham ao governo argentino eram aprisionados nessas residências. Hoje, eles são lembrados com placas comemorativas. *Mapa B4*

10 El Centinela, Tandil
O símbolo mesozoico dessa cidade montanhosa pode ser apreciado do alto de uma montanha vizinha, ao qual se tem acesso por um teleférico. Ali, pode-se apreciar a vista com um café e alfajores *(p. 95)*. *Mapa A5*

El Drugstore, Colonia

Categorias de Preço

Refeição para uma pessoa, com três pratos, uma taça de vinho ou cerveja, impostos e serviço.

$	até US$10
$$	US$11-US$15
$$$	US$16-US$25
$$$$	US$26-US$35
$$$$$	acima de US$35

TOP 10 Bares e Restaurantes

1 El Drugstore, Colonia
Essa joia informal com cozinha aberta, cujas paredes estão cheias de gravuras pop no estilo de Warhol, serve tapas, coquetéis e mate. *Mapa B4 • Calle Vasconcellos 179 • 598-4522-5241 • $$*

2 El Mesón de la Plaza, Colonia
O mais conhecido restaurante do centro histórico de Colonia, El Mesón tem mesas ao ar livre e carta de vinhos (sobretudo uruguaios) para acompanhar os grelhados de carne e carneiro. *Mapa B4 • Calle Vasconcellos 153 • 598-52-24807 • $$$*

3 Baar Fun Fun, Montevidéu
Símbolo da tradição do tango, com as paredes cobertas de fotos de músicos ilustres, o Baar Fun Fun também é ótimo para uma cerveja e uma pizza. *Mapa B4 • Calle Ciudadela 1229 • 598-291-58005 • $$*

4 La Terraza, Tigre
Deguste o cardápio variado que oferece a habitual parrilla de carne. *Mapa B4 • Paseo Victorica 134 • 4731-2916 • $$$*

5 Sainte Jeanne Restaurant, Mar del Plata
Uma área espaçosa decorada com madeira vergada e vime mostra-se o local perfeito para almoço ou chá da tarde. *Mapa B6 • Calle Güemes 2850 • 0223-4290-9200 • $$$$*

6 Vicente, Mataderos
O lado mais rico da culinária portenha – frango assado com creme de espinafre e risoto de lagostins – compete com uma excelente parrilla nesse sociável Vicente. *Mapa A4 • Av. Escalada 2100 • 4635-4657 • $$$$*

7 Mi Vaca y Yo, Mataderos
O melhor lugar em Mataderos para comer parrilla libre, uma espécie de rodízio. Apesar do ambiente um tanto frenético, a carne é soberba. *Mapa A4 • Calle Juan Felipe Aranguren 4201 • 4674-4878 • $$*

8 Lo de Charlie, Punta del Este
Com ambiente intimista em tons pastel, oferece uma sensação de aconchego e refinamento. Excelentes pratos de frutos do mar são preparados numa cozinha aberta, e o sorvete de queijo é lendário. *Mapa C4 • Calles 9 e 12 • 598-424-44183 • $$$$$*

9 Tante, Pinamar
Esse belo e agitado restaurante é ótimo para um jantar em grupo ou para um drinque de fim de noite acompanhado de fondue. O cardápio conta com especialidades alemãs e clássicos argentinos, como filés e antepastos. *Mapa B5 • Calle de las Artes 35 • 02254-494949 • $$$$*

10 Sin Reservas, Tandil
Restaurante informal com fantástica comida argentina contemporânea. A iluminação a velas empresta charme ao ambiente, e há um amplo e confortável pátio com mesas sob dosséis. *Mapa A5 • 14 de Julio 455 • 0249-422-0014 • $$$$$*

DICAS DE VIAGEM

Centro de informação turística; Banheiro para deficientes; Jornais locais

TOP 10 Informações Práticas

1 Informações Turísticas

Existem postos de informação turística nos dois aeroportos, o internacional e o doméstico *(p. 104)*, e espalhados pela cidade. Fornecem mapas, informações sobre pontos de interesse e vida cultural, e ajudam a encontrar hospedagem. A lista completa desses postos pode ser encontrada no site oficial do departamento de turismo: www.bue.gov.ar (também em português).

2 Jornais e Revistas Estrangeiros

Jornais e revistas estrangeiros podem ser adquiridos no Microcentro. Os preços costumam estar muito inflacionados.

3 Jornais e Revistas Locais

Entre os diários em espanhol, o *Clarín* e o *La Nación* trazem a programação cultural às sextas-feiras.

4 Publicações Gratuitas

Publicado de dois em dois meses, *The Argentina Independent* é um jornal de língua inglesa distribuído em bares, hotéis e albergues. *Wipe* é distribuído em toda a cidade e traz um roteiro completo de shows, boates, bares e restaurantes. *La Guia Divina* é distribuída em San Telmo.

5 Sites

Um bom ponto de partida é www.bue.gov.ar. Experimente também www.whatsupbuenosaires.com. Para informações sobre atividades, hospedagem compartilhada e empregos tente www.yesba.org. Para roteiro de casas de tango visite www.letstango.com.ar.

6 ASATEJ

Agência de viagens para estudantes, a ASATEJ presta outros serviços além de reserva de voos, como informações sobre cursos de idiomas no estrangeiro e sobre hospedagem. *Mapa Q5 • 3º andar, sala 320, Calle Florida 835 • 4114-7600 • Aberta 9h-19h seg-sex • www.almundo.com.ar*

7 Portadores de Deficiência

Apenas uma linha do metrô *(Línea H)* é equipada para cadeirantes (a *Línea D* é parcialmente equipada), e as rampas nas ruas estão em mau estado. Os melhores hotéis estão equipados para receber hóspedes com alguma deficiência. Também estão disponíveis excursões para cadeirantes *(p. 105)*.

8 Gays e Lésbicas

Buenos Aires compete com o Rio de Janeiro como o mais famoso destino turístico da América do Sul para gays e lésbicas. Há um festival do orgulho gay em novembro, a Marcha del Orgullo Gay *(p. 43)*, e diversas casas noturnas e outros locais voltados para o público gay – o movimento nesses lugares fica mais intenso apenas de madrugada *(pp. 48-9)*. *Pride Travel: 2º andar, sala E, Paraguay 523 • 5218-6556 • Aberta 10h-14h, 15h-18h seg-sex • www.pride-travel.com*

9 Feriados

Os feriados são 1º de janeiro (Ano-Novo); segunda seg-ter de fevereiro (Carnaval); 24 de março (Dia Nacional de Memória pela Verdade e pela Justiça); março/abril (Semana Santa); 2 de abril (Dia dos Veteranos da Guerra das Malvinas); 1º de maio (Dia do Trabalho); 25 de maio (Dia da Revolução de Maio); 20 de junho (Dia da Bandeira); 9 de julho (Dia da Independência); 17 de agosto (Dia do Libertador San Martín); 12 de outubro (Dia do Descobrimento da América); 8 de dezembro (Dia da Imaculada Conceição); 25 de dezembro (Natal). A maioria dos pontos turísticos fica aberta, com exceção de alguns museus.

10 Leitura Histórica

Entre os livros sobre a era Perón, incluem-se *Eva Perón, a madona dos descamisados*, de Alicia Ortiz, e *A verdadeira Odessa*, de Uki Goñi. Para uma leitura mais leve, *!Tango!*, de Collier e outros, tem fotos extraordinárias e é um guia definitivo.

Nas páginas anteriores, **frequentadores do Café Tortoni**

Turistas na Reserva Ecológica Costanera Sur; Uma casa de câmbio

TOP 10 Planejamento

1 Quando Viajar

A melhor época para visitar Buenos Aires é durante a primavera ou o outono, quando as temperaturas são agradáveis (18-23°C). O verão costuma ser muito quente e úmido. Em janeiro e fevereiro, quando as temperaturas atingem 35°C, os portenhos deixam a cidade em busca das praias do Atlântico.

2 O que Levar

No verão, viaje com roupas leves, principalmente de algodão ou linho, porque a umidade atinge altos níveis. Não esqueça os óculos escuros, filtro solar de alto fator de proteção e uma capa de chuva leve. Costuma chover pesado em janeiro e fevereiro. Na primavera e no outono, uma jaqueta ou um suéter não muito pesado serão suficientes, e no inverno, leve um casaco bem quente. Não esqueça algumas roupas transadas também – os portenhos adoram se vestir bem quando saem à noite.

3 Quanto Tempo Ficar

Reserve no mínimo uma semana para Buenos Aires, assim você terá tempo de explorar os principais bairros e atrações da cidade, assistir a um show de tango e, talvez, fazer uma viagem de um dia a Colonia, no Uruguai. Dez ou quinze dias é o período ideal, que lhe permitirá conhecer realmente essa incrível cidade – suas lojas, restaurantes, parques e lugares fora da cidade, como Tigre e San Antonio de Areco.

4 Passaporte e Vistos

Cidadãos brasileiros não precisam de visto nem de passaporte em viagem de turismo para a Argentina. Uma permanência de 90 dias é garantida na imigração, mas pode ser estendida por outros 90 dias se o viajante sair do país ou mediante o pagamento de uma taxa de US$125 à Dirección Nacional de Migraciones. *Av. Antártida Argentina 1355 Retiro • 4317-0234 • Aberta 8h-13h30 seg-sex • www.migraciones.gov.ar*

5 Moeda

A moeda local é o peso argentino (AR$), dividido em 100 centavos. Existem notas de 2, 5, 10, 20, 50 e 100 pesos e moedas de 1 e 2 pesos e 5, 10, 25 e 50 centavos. A taxa de câmbio flutua ao redor AR$8,50 por US$1.

6 Providências de Saúde

Não é exigida nenhuma vacina para entrar em Buenos Aires e a água da torneira é potável, embora muitos visitantes prefiram água engarrafada. Os visitantes devem ter um seguro de saúde, já que a Argentina não tem acordo recíproco para atendimento de saúde com nenhum país.

7 Alfândega

Visitantes de curto prazo podem trazer os seguintes itens sem pagar imposto de importação na Argentina: 5kg de alimentos (exceto legumes, frutas e outros perecíveis), 2 litros de bebidas alcoólicas, 400 cigarros e 100ml de perfume. Quem vem dos países vizinhos, caso dos brasileiros, só pode entrar com metade dessas quantidades. Equipamento fotográfico, remédios e omputadores pessoais também podem entrar sem pagamento de impostos.

8 Carteira de Habilitação

Você pode dirigir com sua habilitação brasileira. Tenha-a sempre em seu poder, junto com outro documento, como o passaporte ou a carteira de identidade, em perfeito estado.

9 Fuso Horário

Assim como Brasília, Buenos Aires está três horas atrás do horário de Greenwich (GMT). Não existe horário de verão na Argentina.

10 Eletricidade

A eletricidade na Argentina adota 220 volts e 50 ciclos. As tomadas são de 2 ou 3 pontos. Se precisar de um adaptador, você vai encontrá-lo em lojas de ferragens e supermercados.

Locadora de carros na cidade; Aviões no aeroporto

TOP 10 Como Chegar

1 De Avião

As companhias aéreas Gol e TAM têm voos diários para Buenos Aires, partindo dos aeroportos internacionais do Brasil. Podem ser voos diretos ou com escalas. Para informações sobre horários e tarifas, consulte: *Gol (11) 0300-115-2121; www.voegol.com.br • TAM (11) 3274-1313; (21) 3212 9400; 0800-555-200; www.tam.com.br*

2 Aeropuerto Ministro Pistarini

O aeroporto internacional de Buenos Aires é o elegante e moderno Aeropuerto Ministro Pistarini, comumente chamado de Ezeiza graças ao bairro onde está localizado. Quase todos os voos internacionais pousam nos terminais A ou B. Ezeiza fica 35km a oeste do centro de Buenos Aires. ✆ *Para informações sobre voos internacionais ou domésticos: 5480-6111; www.aa2000.com.ar*

3 Ônibus de Ezeiza

Com postos de venda nos terminais A e B, a empresa Manuel Tienda León opera um serviço de 24 horas entre Ezeiza e o centro da cidade. Os ônibus são modernos, com ar-condicionado, e partem de Ezeiza de meia em meia hora para a estação da empresa no centro. Dali, um serviço de traslado leva os passageiros aos hotéis. Uma linha urbana, o ônibus 86, faz o percurso entre Ezeiza e o centro da cidade. ✆ *Av. E. Madero 1299; 0810-888-5366; www.tiendaleon.com.ar*

4 Táxi ou Remis de Ezeiza

Táxis e *remises* (minitáxis) não autorizados acorrem ao terminal de Ezeiza e devem ser evitados. Prefira tomar um táxi de uma das empresas autorizadas a operar dentro do aeroporto ou chame um táxi por telefone.

5 Aeroparque Jorge Newbery

Aeroporto doméstico, o Aeroparque Jorge Newbery fica no bairro de Palermo, a 2km do centro. Opera quase todos os voos domésticos, assim como os voos para o Brasil e Uruguai.

6 Ônibus do Aeroparque

A empresa Manuel Tienda León opera, de meia em meia hora, um serviço de ônibus entre o aeroporto doméstico e o centro da cidade. Várias linhas urbanas conectam o Aeroparque ao centro.

7 Táxi ou Remise do Aeroparque

Os táxis fazem fila no terminal de desembarque. Você também pode contratar um táxi ou *remise* em uma das empresas que operam dentro do aeroporto, ou chamar um táxi por telefone. ✆ *Radiotáxis: Mi Taxi 4931-1200 • Remises: Blue 4777-8888*

8 Ônibus de Longa Distância

Os ônibus que chegam a Buenos Aires vindos do interior e dos países vizinhos param no terminal rodoviário no centro, a Estación Terminal de Omnibus, comumente chamada de Estación Retiro. Dali partem linhas de ônibus locais. ✆ *Av. Ramos Mejía 1680; 4310-0707*

9 De Barco

Barcos vindos de Montevidéu e Colonia, no Uruguai, e um de Punta del Este, chegam várias vezes por dia à Dársena Norte (Ancoradouro Norte), o terminal de barcos de Puerto Madero. ✆ *Av. Antártida Argentina 821; venda de bilhetes: 4316-6500*

10 Aluguel de Carros

A Avis e a Hertz têm lojas nos aeroportos. Os preços variam em torno de US$150 por dia para um carro de tamanho médio, dependendo da milhagem. Para alugar um carro, você precisa ter mais de 21 anos, carteira de habilitação, cartão de crédito e documento de identidade válido na Argentina. ✆ *Avis: 0810 9991-2847; www.avis.com.ar • Hertz: 4816-8001; www.hertz.com*

O serviço de metrô funciona 5h-23h seg-sáb e 8h-22h dom.

Ônibus municipal; Ciclista no Parque 3 de Febrero; Placa do metrô

TOP 10 Como Circular

1 Ônibus

Buenos Aires é bem servida de linhas de ônibus, os *colectivos*. Para informações sobre percursos e pontos de parada, compre um exemplar do *Guía T* em um quiosque ou, melhor, pergunte a um morador. A tarifa para todas as viagens é de AR$2, que pode ser paga com moedas na máquina instalada atrás do motorista.

2 Metrô

O sistema de metrô de Buenos Aires é seguro, confiável e uma boa maneira de circular pela cidade. São seis linhas: A, B, C, D, E e H. A linha A é a mais antiga (com vagões de madeira), e a linha D, que liga o Microcentro a Palermo, a mais concorrida. A tarifa é de AR$2,50 por viagem. Pode-se comprar nas estações um bilhete múltiplo de 10 viagens.

3 Bonde

Inaugurada em 2007, a Tranvía del Este serve o bairro de Puerto Madero, correndo paralelamente à Avenida Alicia Moreau de Justo, entre as avenidas Córdoba e Independencia.

4 Trem

Os trens que partem para o norte, inclusive os que param em Tigre, saem do Retiro, estação ferroviária adjacente ao terminal de ônibus. Os trens com destino ao sul da capital, como Tandil, Pinamar e Mar del Plata, saem da Estación Constitución. Das duas, a linha norte é mais segura e mais moderna.

5 Táxi e Remis

Os táxis estão por toda parte em Buenos Aires. Os comuns e os radiotáxis são reconhecíveis pelas cores amarelo e preto. Os radiotáxis, que têm as palavras "radio taxi" escritas na porta, são mais seguros e podem ser apanhados na rua ou chamados por telefone. Os *remises* (táxis de companhias privadas sem identificação) podem ser chamados por telefone ou nos escritórios.

6 Carro

Dirigir na cidade é um transtorno. O trânsito é pesado, os motoristas locais têm hábitos arriscados e os estacionamentos são escassos. Junte a isso uma confusão de vias de mão única, e dirigir torna-se um desafio ainda maior. Se for dirigir, lembre que o uso do cinto de segurança nos bancos dianteiros é obrigatório, nos cruzamentos os carros que vêm da direita têm preferência e os limites de velocidade vão de 40 a 60km/h nas principais avenidas.

7 Bicicleta

Nas ruas, os buracos, a falta de respeito dos motoristas torna a bicicleta um meio de transporte perigoso. Os locais seguros para pedalar são o Parque 3 de Febrero *(p. 61)* e os bairros de Puerto Madero e Recoleta ou nas ciclovias. Pode-se alugar bicicletas na entrada dos parques.

8 A Pé

A melhor maneira de explorar Buenos Aires é a pé. A distância entre um bairro e outro é pequena. Evite o Microcentro nos dias de semana.

9 Transporte para Portadores de Deficiência

Para pessoas com deficiência, a QRV – Transportes Especiales opera um serviço diferenciado em modernos veículos, equipados para receber cadeiras de rodas. ✆ *QRV – Transportes Especiales: 4306-6635 • www.qrvtransportes.com.ar*

10 Excursões

A Eternautas realiza excursões históricas e a Opción Sur se especializou em excursões audiovisuais. A Tangol oferece excursões a jogos de futebol e passeios de helicóptero. A Bike Tours realiza excursões de bicicleta. Também existem excursões guiadas gratuitas *(p. 107)*, e algumas empresas que oferecem passeios com guias que falam inglês. ✆ *Eternautas: 5031-9916; www.eternautas.com • Opción Sur: 4777-9029; www.opcionsur.com.ar • Tangol: 4312-7276; www.tangol.com • Bike Tours: 4311-5199; www.biketours.com.ar*

As linhas de ônibus funcionam 24 horas por dia.

Trânsito pesado na Avenida Corrientes; O movimento em San Telmo

TOP 10 A Evitar

1 Armadilhas a Turistas

Evite as caras lojas de produtos de couro da Calle Florida e os espetáculos de "tango para exportação" destinados a turistas. Fique longe dos caríssimos pubs "irlandeses" do Microcentro, que não são autenticamente irlandeses nem argentinos. Pense duas vezes antes de gastar dinheiro num churrasco de segunda classe nos caros e descaracterizados restaurantes de Puerto Madero.

2 Regiões Perigosas

Buenos Aires é em geral uma cidade muito segura, mas tenha cuidado em certas regiões. Evite se afastar muito do centrinho turístico de La Boca e Constitución à noite. Não use joias chamativas ou relógios de pulso, já que são itens cobiçados; tampouco use smartphones em público. Fique atento se qualquer pessoa se aproximar de você em público, pois pode se tratar apenas de uma distração para que outro indivíduo o assalte sem que perceba.

3 Hora do Rush

O trânsito de Buenos Aires é tão difícil, que a hora do rush dura quase o dia todo, mas é pior nos dias de semana antes das 10h e entre 17h e 20h, especialmente no início das noites de sexta-feira, quando a classe média em massa deixa a cidade rumo à casa de fim de semana.

4 Falta de Troco nos Táxis

Se você quiser pagar com uma nota de valor alto, o motorista vai gastar uns quinze minutos rodando à procura de troco, fazendo subir a tarifa a ser paga. É aconselhável verificar antes se o motorista tem troco ou, no caso dos radiotáxis, informe a empresa no momento da chamada. Os radiotáxis cobram uma taxa de até AR$20.

5 Taxistas Inescrupulosos

Nunca tome um táxi que não tenha à mostra o certificado oficial de registro no painel ou atrás do banco do motorista. Evite tomar um táxi em Puerto Madero, onde circulam táxis clandestinos.

6 Fezes de Cães

Essa é uma questão tão discutida nas eleições quanto o desemprego e a segurança. É especialmente grave nos bairros residenciais como San Telmo e Palermo Viejo, onde é recomendável prestar atenção por onde anda e manter os olhos pregados no chão.

7 Parque 3 de Febrero à Noite

Lindo durante o dia, o Parque 3 de Febrero fica muito escuro e perigoso à noite, quando travestis que praticam a prostituição e seus cafetões tomam conta do parque. Enquanto alguns visitantes vão querer evitar a área, outros podem querer conhecê-la.

8 Cambistas Não Autorizados

Chamados *arbolitos* (arvorezinhas), esses cambistas se espalham pela Calle Florida desde a crise econômica argentina de 2001. Fique atento para não receber notas de peso falsas; procure *arbolitos* confiáveis que vendam "dólar blue", ou dólar paralelo.

9 Ofensas

Os portenhos não dão muita importância à polidez. Jovens e velhos xingam com a maior naturalidade. Apesar da proibição de fumar em lugares públicos, os fumantes estão em toda parte. E, nessa sociedade machista, as mulheres podem estar sujeitas a comentários nas ruas.Entretanto, costumam ser inofensivos.

10 Janeiro

Em pleno verão argentino, esse não é o melhor mês para visitar Buenos Aires. As temperaturas podem atingir 40°C, com alto nível de umidade. As atividades culturais e a vida noturna dão uma parada, já que muitos portenhos deixam a cidade e vão gozar as férias nas praias do Atlântico. Por outro lado, as tarifas dos hotéis são mais baratas nessa época.

Veja mais sobre os telefones de empresas de táxis seguras na **p. 104**

Teatro San Martín; Placa da Antigua Tasca de Cuchilleros; Centro Cultural Recoleta

TOP 10 Buenos Aires Econômica

1 Onde Comer Barato

Você pode comer barato num *tenedor libre*, onde o bufê custa US$5. A maioria está concentrada no Microcentro. Procure as palavras *"tenedor libre"* na vitrine. Para um lanche nutritivo, todo bairro portenho tem seu próprio *bodegón*, uma churrascaria de administração familiar que serve pratos de carne imensos e baratos.

2 Onde Beber Barato

Muitos bares oferecem drinques no happy hour, entre 18h e 22h. Depois disso, mude para a cerveja barata local, das quais a mais popular é a Quilmes. Fernet misturado com Coca-Cola também é uma bebida muito popular e barata.

3 Parques e Jardins Grátis

Buenos Aires tem parques e jardins perfeitos para uma caminhada, um banho de sol ou a prática de esportes. Os mais populares são a Reserva Ecológica Costanera Sur, a leste de Puerto Madero; o Botánico Carlos Thays, em Palermo; e o Parque 3 de Febrero.

4 Museus e Galerias Grátis

Muitos museus e galerias oferecem acesso livre ao público durante toda a semana, entre eles o Museo de Bellas Artes *(pp. 16-7)* e o Museo de la Casa Rosada *(p. 8)*. Alguns não cobram ingresso apenas um dia por semana. Há descontos para estudantes com identificação válida e pessoas acima dos 65 anos.

5 Eventos Culturais Grátis

Gallery Nights é um evento que promove o acesso do público a galerias de arte, museus e centros culturais da cidade na última sexta-feira do mês, entre 19h e 23h, de março a novembro. A Noche de los Museos, em outubro, envolve mais de cem museus. No verão, há concertos de música clássica nos fins de semana no Parque Rosedal, em Palermo. E ainda há as festas do Carnaval, em fevereiro. *Gallery Nights: www.gallery-nights.com.ar • Noche de los Museos: www.lanochedelosmuseos.com.ar*

6 Excursões Grátis

A prefeitura oferece excursões guiadas a edifícios e bairros de importância histórica, assim como excursões sobre personalidades portenhas, como Evita e Borges. Visite o site oficial do turismo *(p. 102)*, que também oferece downloads de excursões pela cidade em inglês e espanhol. Para informações sobre outras excursões grátis, procure a Cicerones, uma organização não governamental que tem mais de 70 guias bilíngues. Basta preencher um formulário on-line. *www.cicerones.org.ar*

7 Hospedagem Barata

Os albergues são a melhor opção para uma hospedagem barata. Muitos têm quartos duplos e de casal por preços modestos. Você ainda vai poder usar a cozinha, a lavanderia e a área social *(p. 117)*.

8 Lavanderias

As lavanderias são muito baratas e estão em toda parte, tanto em ruas secundárias quanto nas principais avenidas. Uma grande sacola de roupas para o mesmo dia custa por volta de US$7 para lavar e secar. Informe-se na recepção de seu hotel onde fica a lavanderia mais próxima.

9 Cinemas e Teatros Baratos

Os ingressos de cinema custam metade do preço de segunda à sexta-feira, e nas sessões da tarde durante toda a semana. As produções de teatro oferecem descontos uma vez por semana.

10 Piqueniques

Pagar um almoço todos os dias pode sair caro. Por isso, guarde pães, frutas, queijo e alimentos frios no refrigerador do local onde estiver hospedado. Pode beber a água da torneira com segurança.

A maioria dos parques e jardins de Buenos Aires fica aberta das 8h às 19h no verão e fecha uma hora mais cedo no inverno.

Banco Francés; Caixa eletrônico; Posto telefônico e cibercafé

TOP 10 Bancos e Comunicações

1 Bancos

Os bancos geralmente abrem entre 10h-15h nos dias de semana, embora alguns abram uma hora antes e fechem uma hora depois. O serviço de câmbio dos bancos costuma oferecer melhores taxas e comissões que as casas de câmbio, mas as taxas variam de banco para banco. Todos têm caixas eletrônicos; verifique se há um adesivo indicando que eles aceitam cartões de crédito estrangeiros.

2 Caixas Eletrônicos

Os caixas eletrônicos são o meio mais fácil de sacar dinheiro. O limite do valor a ser retirado varia conforme o banco, mas em geral fica em AR$2 mil. Quase todos os caixas aceitam os cartões Visa, MasterCard e American Express e funcionam 24 horas.

3 Cartões de Crédito

Os cartões de crédito e débito mais aceitos em Buenos Aires são Visa e MasterCard, e, um pouco menos, American Express e Diners Club. ✆ *Em caso de roubo de cartão de crédito, ligue: American Express 0810-555-2639 • MasterCard 0800-555-0507 • Visa 4379-3333 • Diners Club (Citi) 0810-444-2484*

4 Casas de Câmbio

Existem muitas casas de câmbio no Microcentro, particularmente nas ruas Florida, Sarmiento e San Martín. Elas ficam abertas entre 9h-15h diariamente. A comissão costuma ser menor nos bancos.

5 Cheques de Viagem

Os cheques de viagem podem ser trocados nos bancos ou nas casas de câmbio, mas com altas comissões, muitas vezes de 3%. O escritório da American Express, porém, troca os próprios cheques de viagem sem cobrar taxa. Observe que o comércio raramente aceita trocar cheques de viagem. ✆ *American Express: Calle Arenales 707; 0810-444-2437*

6 Transferências Bancárias

O envio de dinheiro para outros países pode ser feito através da Western Union. Visite seu site para saber as taxas, valores máximos de transferência e uma lista de afiliados locais. ✆ *www.westernunion.com*

7 Correio

As agências do Correo Argentino funcionam entre 9h-18h nos dias de semana e enviam correspondência via aérea e registrada *(correo certificado)*. A correspondência destinada à posta-restante deve ser enviada para a agência central da seguinte forma: Nome do destinatário, Lista de Correos: Correo Central, Sarmiento 189 (1003), Capital Federal, Argentina. Os postos telefônicos também enviam correspondência aérea, mas não a registrada. ✆ *Correo Argentino: www.correoargentino.com.ar*

8 Telefone e Fax

Os postos telefônicos *(locutorios)* estão por toda parte em Buenos Aires, e as empresas Telefónica e Telecom são as duas maiores operadoras. A maioria dos postos funciona entre 10h-23h diariamente e oferecem chamadas internacionais e serviço de fax.

9 Telefones Celulares

A maioria dos telefones celulares tribanda ou quadribanda funcionam na Argentina, mas a ligação pode ficar muito cara e é difícil receber chamadas e mensagens de texto. Você pode usar o próprio celular e comprar o chip de uma operadora local, que pode ser adquirido por cerca de US$2,50. Alugar um celular também é uma boa alternativa. ✆ *Aluguel de telefones celulares: Phonerental, Calle San Martín 948, 3º andar; 4311-2933; www.phonerental.com.ar*

10 Acesso à Internet

Os postos telefônicos e os cibercafés oferecem acesso à internet e estão em praticamente cada esquina de Buenos Aires. O serviço é de banda larga e geralmente muito barato. A maioria dos bares, cafés e restaurantes têm conexão sem fio.

Para ligar para Buenos Aires de outro país tecle 5411 antes do número local de 8 dígitos. Para ligar da Argentina, tecle primeiro 011.

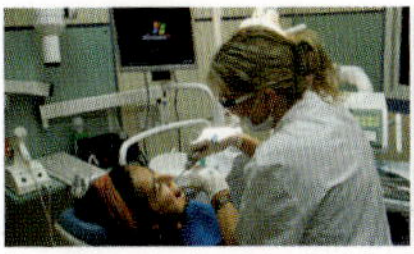

Atendimento dentário; Policial; Farmacia de La Estrella

TOP 10 Segurança e Saúde

1 Telefones de Emergência

Numa emergência, ligue 911. Os telefones a seguir estão disponíveis gratuitamente 24 horas para serviços específicos. ✆ *Policía* (polícia) 101 • *Bomberos* (bombeiros) 100 • *Emergencia médica* (serviço de ambulância) 107 • *Defensa Civil* (em caso de vazamento de gás, corte de energia ou inundações) 103.

2 Polícia

Se você tiver a infelicidade de ser vítima de um crime, relate o incidente na *Comisaría del Turista*, situada no centro. Especial para turistas, essa delegacia tem funcionários que falam inglês 24 horas por dia. Senão, vá direto à delegacia de polícia *(comisaría)* mais próxima. ✆ *Comisaría del Turista: Av. Corrientes 436; 0800-999-5000; aberta 24 horas; turista@policiafederal.gov.ar*

3 Prevenção contra Roubos

Buenos Aires é muito segura se comparada a outras cidades da América Latina e às grandes cidades do mundo. Muitos transtornos podem ser evitados com algumas precauções simples. Nunca deixe bolsas ou maletas longe dos olhos ou penduradas nas costas da cadeira de bares e restaurantes, não exiba seu dinheiro ou celular, nem equipamentos fotográficos ou de vídeo e evite os pontos de marginais *(p. 106)*.

4 Táxis

A maneira mais segura é chamar um táxi ou *remis* *(p. 105)* por telefone. Se pegar um táxi na rua, procure um radiotáxi (as palavras "radio taxi" estão escritas nas portas), que é mais seguro. Isso é particularmente aconselhável em Puerto Madero, onde circulam táxis que não são confiáveis. E nunca tome um táxi ao sair de um caixa eletrônico: ande algumas quadras.

5 Hospitais e Clínicas Médicas

O tratamento médico é melhor num hospital particular, onde o custo do tratamento é relativamente baixo, e o nível do serviço é bom. O Hospital Británico fica no sul da cidade para atendimento de emergência 24 horas, e existem clínicas médicas para consultas. ✆ *Mapa D5; Hospital Británico: Calle Perdriel 74; 4309-6400; www.hospitalbritanico.org.ar*

6 Tratamento Dentário

O tratamento dentário em Buenos Aires é bom e barato, e muitos hospitais particulares têm clínicas dentárias. Numa emergência, o Servicio de Urgencias, na Faculdade de Odontologia, funciona 24 horas. ✆ *Servicio de Urgencias; Marcelo T de Alvear 2146; 4964-1259*

7 Farmácias

A maior rede de farmácias da Argentina é a Farmacity, com filiais espalhadas por toda a cidade. Em todos os bairros há farmácias de plantão 24 horas. Vá até a mais próxima; se não estiver aberta, o endereço da *farmacia de turno* mais próxima estará pregado na porta. Geralmente, fica a poucas quadras de distância.

8 Água

É seguro beber água das torneiras na Argentina. Muitos visitantes, porém, preferem beber água engarrafada.

9 Viajantes Mulheres

As mulheres vão achar Buenos Aires uma cidade calma. Os homens argentinos podem ser um tanto atirados, mas é fácil afastá-los com um firme *"Estoy casada".*

10 Embaixada e Consulado

Numa emergência, principalmente se você tiver que lidar com a polícia, insista em entrar em contato com o seu consulado. ✆ *Embaixada do Brasil na Argentina: Calle Cerrito 1350; 4515-2400 • Consulado-Geral do Brasil em Buenos Aires: Carlos Pellegrini 1363, 5º andar; 4515-6500*

Peça de antiquário; Artigos de couro em exposição; Livraria

TOP 10 Dicas de Compras

1 Horário de Funcionamento

Os shopping centers geralmente abrem entre 10h-22h, mas pode haver variação de horários. Os pátios de alimentação e os cinemas dentro dos shoppings ficam abertos até mais tarde. Outras lojas funcionam entre 9h-20h de segunda a sexta--feira, mas os horários variam nos finais de semana. Algumas fecham às 13h nos sábados e durante todo o domingo.

2 Impostos e Reembolso

Na Argentina, o imposto de 21% sobre as vendas já está incluído no preço dos produtos. Os visitantes podem pedir reembolso do imposto através do Global Refund quando comprarem produtos manufaturados acima de AR$70 (US$15). Peça um formulário no momento em que fizer a compra. Ao deixar a Argentina, apresente-o na alfândega, a qual vai enviar você a um *puesto de pago* no aeroporto para o reembolso.

3 Pagamento

O peso argentino é aceito nas lojas, mas muitas delas também aceitam dólares. Os cartões de crédito são amplamente aceitos, exceto em lojas pequenas. Os cartões preferidos são Visa, MasterCard, American Express e Diners Club *(p. 108)*.

4 Áreas de Compras

O Microcentro tem grande movimento de veículos e pessoas, mas ainda deve ser o ponto de partida para os consumidores, especialmente a Calle Florida. Ali, há um pouco de tudo, de shopping centers e lojas de departamentos a lojas de artesãos. A Recoleta tem butiques de alta classe de marcas nacionais e internacionais. Palermo Viejo está cheio de lojas de roupas descoladas.

5 Artigos de Couro

O couro argentino é de ótima qualidade e de bons preços. Muitas lojas vendem artigos de couro, mas as da Calle Florida costumam ser muito caras. As do cruzamento de Murillo e Scalabrini Ortíz, em Palermo, têm os melhores preços.

6 Suvenires

Se você procura artigos típicos gaúchos, os tradicionais produtos para o chimarrão e lãs artesanais, tente lojas como El Boyero, Arandú e Mission *(p. 38)*. Pode--se encontrar artigos artesanais baratos na feira de fim de semana da Plaza Francia, na Recoleta *(p. 36)*. Para produtos relacionados ao tango, procure as lojas da Avenida Corrientes.

7 Antiguidades

San Telmo é famoso por seus antiquários e pela feira realizada aos domingos na Plaza Dorrego *(p. 18)*. Visite o Mercado de las Pulgas em Palermo Viejo. ✎ *Mercado de las Pulgas: Av. Dorrego y Álvarez Thomas*

8 Vinho Argentino

Encontradas em lojas e supermercados, as *vinotecas* (lojas de vinho) têm em estoque vinhos das regiões vinícolas argentinas, como Mendoza. Ligier e Terroir oferecem serviço de empacotamento e despacho. ✎ *Ligier: Mapa Q5; Av. Santa Fe 800; 5353-8060; www.ligier.com.ar • Terroir: Mapa L1; Buschiazzo 3040; 4778-3443; www.terroir.com.ar*

9 Música

A grande rede Musimundo tem muitas filiais na cidade. Seu estoque inclui rock argentino e música folclórica. A Zival's *(p. 27)* tem CDs de tango, jazz e música clássica. A Disquería Bird e a Abraxas vendem discos de vinil. ✎ *Musimundo: Av. Santa Fe 1844; www.musimundo.com; Disquería Bird: Talcahuano 385; 4382-2539; Abraxas: Galería Galería 5ª Avenida; Av. Santa Fe 1270*

10 Livros

Vá à maior livraria da América do Sul, a Ateneo Grand Splendid. Conheça também a Librería Losada *(p. 69)*. ✎ *Ateneo Grand Splendid: Av. Santa Fe 1860; 4811-6104; www.elateneo.com*

Veja mais sobre os melhores shopping centers de Buenos Aires na **p. 39**

Hotel-Butique em Palermo; Restaurante Cabaña Las Lilas

TOP 10 Dicas de Hotéis e Restaurantes

1 Localização do Hotel

O Microcentro fica perto da principal área de compras, mas é agitado durante o dia e decadente à noite. Os bairros melhores, como Recoleta e Puerto Madero, perto do centro, são mais calmos e mais agradáveis. Ambos contam com vários hotéis de luxo, e na Recoleta também há opções de hotéis médios. San Telmo e Palermo Viejo têm bom hotel-butique, B&B e hostel. San Telmo é um bairro histórico, e Palermo Viejo está cheio de lojas e restaurantes.

2 Alta e Baixa Estação

A alta estação é julho-agosto, com feriados nacionais e férias escolares de inverno. Maior oferta de quartos e preços mais baixos você encontra em janeiro-fevereiro, quando os portenhos fogem para as praias e as viagens de negócio praticamente cessam.

3 Preços

Os preços registrados neste guia são os da alta estação, já incluem o imposto e visam apenas oferecer uma orientação. Mas é possível conseguir melhores condições, pois os preços variam de acordo com a estação, os dias da semana, o tempo de estadia e a forma como se faz a reserva. O imposto de 21% deve estar incluso no preço da diária, mas confirme ao fazer a reserva.

4 Estadias mais Longas

Há imobiliárias que alugam apartamentos mobiliados para curto e longo prazo. A Buenos Aires Travel Rent e a Buenos Aires Stay possuem cerca de cem apartamentos para alugar. ✆ *Buenos Aires Travel Rent: 4371-2424; www.buenosairestravelrent.com • Buenos Aires Stay: 5365-0238; www.buenosairesstay.com*

5 Viagem com Crianças

A maioria dos hotéis permite a hospedagem de crianças menores de doze anos com os pais, incluindo uma cama num quarto de casal ou oferecendo um quarto triplo com cama de casal e de solteiro.

6 Reservas em Restaurantes

Faça reservas nos restaurantes de Buenos Aires, principalmente nos fins de semana – com um ou dois dias de antecedência, ou até três ou quatro dias nos restaurantes mais exclusivos. Se solicitarem um número de telefone para a reserva, você pode fornecer o do seu hotel.

7 Horários das Refeições

Os portenhos param para o almoço por volta das 13h, tomam um lanche por volta das 17h e jantam entre 21h-22h – por volta das 23h nos fins de semana. Portanto, os restaurantes funcionam entre 12h-16h e 20h-1h. As cozinhas param de aceitar pedidos uma hora antes do fechamento.

8 Cardápios

Cada vez mais, os cardápios são escritos em espanhol e inglês. Se não entender alguma coisa, pergunte ao garçom. Muitos restaurantes oferecem "menus executivos" na hora do almoço, compostos de três pratos e uma bebida por um preço fixo. Nas churrascarias, você pode pedir que a carne seja servida *jugoso* (malpassada), *a punto* (ao ponto) ou *bien cocido* (bem-passada). Você pode pedir um vino tinto ou um vino blanco.

9 Modo de Vestir

Embora a maioria dos restaurantes não faça nenhuma exigência quanto à maneira de vestir, os argentinos costumam se vestir bem para jantar num restaurante elegante. Algumas casas noturnas não permitem a entrada de clientes calçando tênis.

10 Gorjetas

Em Buenos Aires, as gorjetas são mais ou menos as mesmas que em outras cidades. Os porteiros dos hotéis recebem uma *propina* de cerca de US$2-3. Para os garçons de hotéis, costuma-se dar uma gorjeta de 10 a 15% do valor da conta. Na saída, deixe uma gorjeta para as camareiras.

Veja mais sobre os melhores restaurantes de Buenos Aires nas **pp. 56-7**

Four Seasons Hotel; Faena Hotel and Universe; Restaurante do Faena Hotel

TOP 10 Hotéis de Luxo

1 Alvear Palace Hotel

O Alvear é o hotel mais luxuoso da cidade. Suas suítes têm antiguidades, lençóis de linho egípcio e serviço de mordomo. Desfrute o spa decorado em mármore e os luxuosos restaurantes. *Mapa P4 • Av. Alvear 1891, Recoleta • 4808-2100 • www.alvearpalace.com • $$$$$*

2 Four Seasons Hotel

Escolha um quarto padrão na elegante torre principal, que conta com camas king size e banheiro de mármore, ou uma das seis suítes da mansão anexa. O hotel tem um jardim clássico com piscina romana. *Mapa P4 • Posadas 1086/88, Recoleta • 4321-1200 • www.fourseasons.com • $$$$$*

3 Park Hyatt Buenos Aires

As suítes desse palácio dos anos 1930 restaurado contrastam com o esplendor clássico das áreas públicas. As luxuosas instalações incluem spa, jardim particular, galeria de arte no subsolo e piscina coberta. *Mapa P4 • Av. Alvear 1661, Recoleta • 5171-1234 • www.buenosaires.park.hyatt.com • $$$$$*

4 Caesar Park

As suítes desse moderno hotel são espaçosas, forradas com carpete alto e decoradas com móveis de madeira e banheiros de mármore. Conta ainda com business center, spa e piscina, restaurante e um jardim japonês. *Mapa P4 • Posadas 1232, Recoleta • 4819-1100 • www.accorhotels.com • $$$$$*

5 Faena Hotel and Universe

O Faena oferece um luxo de astro do rock. Seu interior é uma mistura de romantismo e modernidade. Também conta com piscina, academia, spa, teatro-cabaré e adega. *Mapa G2 • Martha Salotti 445, Dique 2, Puerto Madero Este • 4010-9000 • www.ba.stayfaena.com • $$$$$*

6 Hotel Madero

O Hotel Madero tem uma piscina na cobertura, com teto retrátil, de onde se tem magnífica vista do rio e da cidade. Os quartos oferecem todas as modernas comodidades. *Mapa G3 • Rosario Vera Peñaloza 360, Dique 2, Puerto Madero Este • 5776-7777 • www.hotel madero.com • $$$$$*

7 Sofitel Buenos Aires

Apaixonante, o Sofitel está em um edifício art déco de 1929. O saguão, com piso de mosaico, imenso candelabro art déco e uma claraboia no teto, é fascinante. Banheiros de mármore Botticino, um spa aromático e uma piscina romana completam a sedução. *Mapa Q4 • Calle Arroyo 841, Retiro • 4131-0000 • www.sofitel.com • $$$$$*

8 Plaza Hotel

Um elegante edifício belle époque com suítes e um spa na cobertura. O Plaza Bar é ótima opção para um coquetel tranquilo antes do jantar. *Mapa Q5 • Calle Florida 1005, Retiro • 4318-3000 • www.plazahotelba.com • $$$$$*

9 BE Trimos Hotel

Primeiro hotel gay cinco estrelas da América Latina, o Trimos também sabe receber hóspedes hétero. Conta com piscina na cobertura, jardim, academia, solário, health bar e cocktail bar, e um elegante restaurante. Nas noites de sexta, festas com DJ recebem também não hóspedes. *Mapa F2 • Calle Venezuela 649, San Telmo • 4136-9393 • www.betrimoshotel.com.ar • $$$*

10 Algodon Mansion

O esplêndido Algodon Mansion é uma joia belle époque no coração do bairro mais chique da cidade. Cada uma das dez suítes, o saguão, o bar e o restaurante, o deque de madeira na cobertura e a piscina são impecáveis. Serviço de mordomo disponível. *Mapa P4 • Calle Montevideo 1647, Recoleta • 3530-7777 • www.algodonmansion.com • $$$$$*

Quase todos os hotéis aceitam cartões de crédito, têm banheiro anexo e ar-condicionado.

562 Nogaró

Categorias de Preço

Diária num quarto de casal (com café da manhã, se houver), impostos e taxa de serviço.

$	até US$50
$$	US$50-US$110
$$$	US$110-US$170
$$$$	US$170-US$240
$$$$$	acima de US$240

TOP 10 Hotéis de Negócios

1 Hilton Buenos Aires

Os quartos standard do Hilton oferecem cadeiras ergonômicas e linda vista de Puerto Madero ou do rio da Prata. Conta com fitness center, piscina descoberta, adega, restaurante internacional e business center. ✆ *Mapa G1 • Blvd. Macacha Guemes 351, Dique 3, Puerto Madero Este • 4891-0000 • www.hilton.com • $$$$$*

2 Sheraton Buenos Aires Hotel and Convention Center

Os quartos standard desse hotel no centro da cidade são espaçosos, têm janelas à prova de som e uma bela vista da cidade e do rio. Oferece excelentes instalações para congressos, restaurante internacional, salão de beleza, galeria de arte, piscina coberta e descoberta, quadras de tênis, academia e spa. ✆ *Mapa Q4 • Calle San Martín 1225/1275, Retiro • 4318-9000 • www.sheraton-ba.com • $$$$*

3 Claridge Hotel

Os quartos do Claridge têm escrivaninhas de madeira, e espelhos e molduras que são verdadeiras antiguidades. Desfrute seu restaurante em estilo Tudor, além de piscina, academia, sauna e spa. O business center oferece secretárias bilíngues. ✆ *Mapa Q5 • Calle Tucumán 535, Microcentro • 4319-8000 • www.claridge.com.ar • $$$$*

4 Pestana Buenos Aires

A quatro quadras do Obelisco, o Pestana conta com uma grande piscina coberta, academia e spa. Os quartos são amplos e à prova de som. Fica perto do distrito financeiro da capital. ✆ *Mapa Q5 • Plazoleta Carlos Pellegrini 877, Retiro • 5239-1000 • www.pestana.com • $$$*

5 NH City and Tower

Um edifício art déco dos anos 1930 restaurado, o NH City and Tower fica a uma quadra da Plaza de Mayo. Conta com business center, academia e sauna. Do terraço do 12º andar se avista o rio. ✆ *Mapa F2 • Calle Bolívar 160, Monserrat • 4121-6464 • www.nh-hoteles.com • $$$*

6 Hotel Emperador

Esse hotel mistura decoração clássica com alta tecnologia. Os quartos são amplos. Alguns oferecem vista panorâmica, e outros dão para um jardim particular. Conta com spa, fitness center, piscina coberta e restaurante gourmet. ✆ *Mapa Q4 • Av. del Libertador 420, Retiro • 4131-4000 • www.hotelemperador.com.ar • $$$*

7 Dazzler Tower

O bem-localizado Dazzler tem onze andares de quartos elegantemente decorados e à prova de som: prefira o 9º, o 10º ou o 11º andar, de onde se vê o nascer do sol no rio da Prata. Conta com spa, piscina e academia. As suítes oferecem banheira de hidromassagem. ✆ *Mapa Q5 • Calle San Martín 920, Retiro • 5217-5799 • www.dazzlertower.com • $$$*

8 Intercontinental Buenos Aires

Esse hotel tem um moderno fitness center, solário, piscina coberta aquecida, spa e quartos modernos, espaçosos e elegantes. Conta ainda com business center, salões para executivos e um restaurante internacional. ✆ *Mapa E2 • Calle Moreno 809, Monserrat • 4340-7100 • www.icbuenosaires.com.ar • $$$$*

9 Design Suites

A tranquilidade do saguão dá o tom desse design hotel com decoração minimalista. As suítes contam com sistema de som, banheira de hidromassagem, DVD e varandas de acordo com a categoria. ✆ *Mapa N5 • Calle Marcelo T. de Alvear 1683, Barrio Norte • 4814-8700 • www.design suites.com • $$$*

10 562 Nogaró Buenos Aires

No nível inferior dessa categoria de preços, esse hotel tem business e fitness center. O quarto standard tem piso de madeira, cama queen size, mesa de trabalho e internet sem fio ou banda larga. ✆ *Mapa F2 • Av. Julio A. Roca 562, Monserrat • 4331-0091 • www.562nogarohotel.com • $$$*

Os preços das diárias variam de acordo com a estação, a disponibilidade e as promoções. Todos os preços fornecidos aqui são da alta estação.

Home Hotel; Krista Hotel Boutique; Mansión Dandi Royal

TOP 10 Hotéis-Butique

1 Esplendor de Buenos Aires
Lindo edifício belle époque, o Esplendor oferece um elegante bar-restaurante e espaçosos quartos contemporâneos. Mas o destaque são os mosaicos imensos de figuras populares nos corredores, entre eles o de Che Guevara. *Mapa Q5 • Calle San Martín 780, Microcentro • 5256-8814 • www.esplendorbuenosaires.com • $$$*

2 Meliá Recoleta Plaza
O Meliá oferece o luxo de um cinco estrelas num hotel-butique. As suítes são decoradas no estilo Luís XV. Conta com business e fitness center, spa com hidromassagem ao ar livre e restaurante com terraço. *Mapa P4 • Calle Posadas 1557, Recoleta • 5353-4000 • www.melia.com • $$$$*

3 A Hotel
Sete quartos, ampla área comum, salão de jantar e um belo terraço com azulejos em estilo andaluz ocupam dois andares gloriosamente restaurados que antes compunham um único apartamento palaciano. Não perca o café da manhã inglês. *Mapa L4 • Viad. e Av. Santa Fe, Palermo Viejo • 4827-0366 • www.the5thfloorba.com • $$$*

4 Mansión Vitraux
A bela composição de móveis antigos e modernos faz desse hotel uma escolha estilosa em San Telmo. Localizado no núcleo de restaurantes e bares, mas em uma rua calma, tem uma academia e piscina na cobertura. *Mapa F3 • Calle Carlos Calvo 369, San Telmo • 4878-4292 • www.mansionvitraux.com • $$$$*

5 Moreno 376
Nesse prédio art déco de 1929, todas as suítes misturam o estilo contemporâneo com detalhes art déco. Um moderno restaurante latino-americano, pequeno teatro para shows de jazz e tango, academia, terraço na cobertura com hidromassagem e bela vista da cúpula e da torre completam o pacote. *Mapa F2 • Moreno 376, Monserrat • 6091-2000 • www.morenobuenosaires.com • $$$*

6 Mansión Dandi Royal
O Dandi Royal é uma mansão centenária com interior art nouveau restaurado. Murais e peças de arte inspiradas no tango decoram os 30 quartos. Conta com academia, piscina na cobertura, solário e um pequeno spa. Três salões recebem shows e aulas de tango. *Mapa E3 • Calle Piedras 922/936, San Telmo • 4307-7623 • www.mansiondandiroyal.com • $$$*

7 Home Hotel Buenos Aires
Esse hotel mistura luxo e informalidade. A decoração minimalista conta com toques floreados. As suítes são lindamente decoradas, com instalações de banho personalizadas. Aproveite o spa, o jardim e a piscina. *Mapa J2 • Calle Honduras 5860, Palermo Viejo • 4778-1008 • www.homebuenosaires.com • $$$$*

8 Krista Hotel Boutique
Esse romântico refúgio ocupa uma casa dos anos 1920 restaurada, com saguão elaborado e suítes espaçosas. Tem três pátios e um salão de massoterapia. Ideal para casais. *Mapa J3 • Calle Bonpland 1665, Palermo Viejo • 4771-4697 • www.kristahotel.com.ar • $$$*

9 Fierro
Essa opção mais cara tem suítes espaçosas, muitos travesseiros e carta de vinho. A piscina na cobertura é perfeita para se refrescar. Há também o HG Restaurante *(p. 93)* e excelentes cafés da manhã. *Mapa J2 • Calle Soler 5862 • 3220-6800 • www.fierrohotel.com • $$$*

10 Casa Las Cañitas
Esse hotel chique está situado em uma rua calma de Las Cañitas. O interior é iluminado, contemporâneo e sutilmente moderno. Tem nove quartos, sala de estar e bar-restaurante. Conta ainda com um terraço na cobertura e um jardim zen com solário. *Mapa K1 • Calle Huergo 283, Las Cañitas • 4771-3878 • www.casalascanitas.com • $$$*

Categorias de Preço

Diária num quarto de casal (com café da manhã, se houver), impostos e taxa de serviço.	
$	até US$50
$$	US$50-US$110
$$$	US$110-US$170
$$$$	US$170-US$240
$$$$$	acima de US$240

Carsson Hotel

TOP 10 Hotéis Médios

1 Hotel Colón

Nesse hotel, os quartos são modernos, à prova de som e pintados em tons neutros e relaxantes. Oferece piscina, academia e restaurante internacional. Peça um quarto com vista para a Avenida 9 de Julio. *Mapa P6 • Plazaleta Carlos Pellegrini 507, Microcentro • 4320-3500 • www.hotelcolon.com.ar • $$*

2 Ulises Recoleta Suites

Cada suíte desse hotel possui uma quitinete que pode ser compartilhada por até três pessoas. É uma opção acessível no bairro mais luxuoso da cidade. *Mapa P4 • Calle Ayacucho 2016, Recoleta • 4804-4571 • www.ulisesrecoleta.com • $$$*

3 Rendez-Vous

Esse agradável hotel-butique de 1904 possui onze quartos individualmente decorados e fica muito bem localizado no centro de Palermo Hollywood. *Mapa J3 • Calle Bonpland 1484, Palermo Hollywood • 3964-5222 • www.rendezvoushotel.com.ar • $$$*

4 Waldorf Hotel

O saguão com painéis de madeira e bem iluminado dá o tom desse agradável hotel, que tem quartos standard atraentes, com banheiros impecavelmente limpos e TV a cabo. Os quartos mais caros contam com TV de tela plana e piso de madeira. *Mapa Q5 • Calle Paraguay 450, Microcentro • 4312-2071 • www.waldorf-hotel.com.ar • $$*

5 Hotel Bel Air

A fachada branca desse elegante edifício da década de 1920 na Recoleta abriga 77 quartos bem equipados, mas com uma decoração antiga. Conta com restaurante, adega, pequena academia, business center e serviço de babás. *Mapa P5 • Calle Arenales 1462, Recoleta • 4021-4000 • www.hahoteles.com • $$$$*

6 Dazzler Suites Arroyo

Esse hotel fica próximo do centro. O interior está precisando de uma pintura, mas as suítes são bem equipadas. As suítes "classic" têm quarto, sala de estar e cozinha. Há uma pequena piscina aquecida com solário, salão de café da manhã, restaurante, academia e sauna. *Mapa Q4 • Calle Suipacha 1359, Retiro • 5276-7700 • www.arroyotowers.com • $$*

7 Duque Hotel

Esse hotel encantador fica bem localizado a uma curta distância do centro de bares e restaurantes de Palermo Soho. Oferece um serviço completo com spa, biblioteca, bar para coquetéis, piscina descoberta e até mesmo uma churrascaria. Os quartos são grandes e os funcionários simpáticos e solícitos. *Mapa K3 • Calle Guatemala 4364 • 4832-8189 • www.duquehotel.com • $$$*

8 Carsson Hotel

O Carsson preserva o charme dos velhos tempos. O saguão tem piso de mármore, candelabros e pinturas a óleo. Os quartos são decorados com bom gosto e bem equipados. *Mapa Q5 • Calle Viamonte 650, Microcentro • 4131-3800 • www.hotelcarsson.com.ar • $$*

9 Rooney's Boutique Hotel

Instalados em um legítimo exemplar da arquitetura beaux-arts, os quartos e as suítes desse hotel são belamente decorados com móveis de época. O Rooney's também providencia aulas de tango. *Mapa N6 • Calle Sarmiento 1775, Barrio Norte • 5252-5060 • www.rooneysboutiquehotel.com • $$$*

10 Castelar Hotel and Spa

Inaugurado em 1929 e o preferido de aristocratas e escritores do passado, hospedar-se no Castelar é voltar à era de ouro da cidade. Os quartos preservam a elegância. O ponto alto é o spa de mármore com banho turco rodeado de estátuas. *Mapa E2 • Av. de Mayo 1152, Congreso • 4383-5000 • www.castelarhotel.com.ar • $$$*

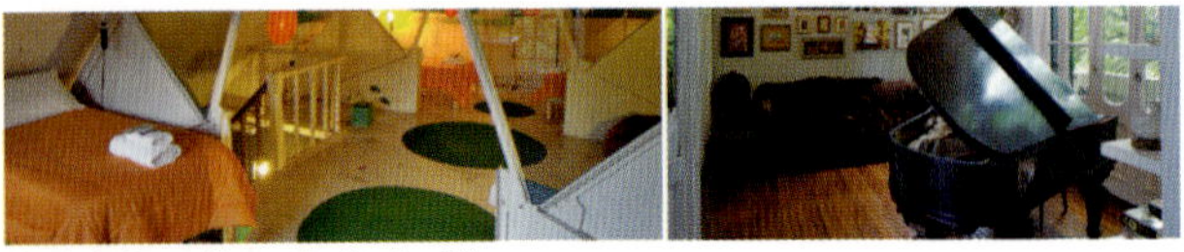

Che Lulu Guest House; Bonito San Telmo

TOP 10 B&Bs e Pousadas

1 1555 Malabia House
Um convento lindamente restaurado, esse B&B combina afrescos e móveis contemporâneos. O ambiente tranquilo é favorecido por pátios internos e externos. Conta com academia, biblioteca e sala para executivos. *Mapa K4 • Calle Malabia 1555, Palermo Viejo • 4833-2410 • www.malabiahouse.com.ar • $$$*

2 Che Lulu Guest House
Uma pousada hippie-chic com oito quartos, sendo duas suítes. Escolha uma decoração mexicana, minimalista ou "kitsch oriental pop art." O saguão tem móveis de época. Um pátio e um terraço oferecem espaços ao ar livre. *Mapa K3 • Pasaje Emilio Zolá 5185, Palermo Viejo • 4772-0289 • www.chelulu.com • $$*

3 República Palermo
Esse moderno B&B tem treze quartos, dois deles com varanda para a rua. Os quartos de casal são pequenos, mas pintados de cores claras. Conta com uma sala de estar com sofás de couro e DVD, e um terraço aberto na cobertura. *Mapa K3 • Calle Costa Rica 4828, Palermo Viejo • 4833-5834 • www.republicapalermo.com • $$*

4 Abode Buenos Aires
Comece o dia com um café da manhã inglês, cortesia dos proprietários franco-argentinos do Adobe. Os quatro quartos são belíssimamente mobiliados. *Mapa J3 • Calle Costa Rica 5193, Palermo Viejo • 4774-3331 • www.abodebuenosaires.com • $$$*

5 Cabrera Garden Boutique Guest House
Essa casa de 1920 belamente remodelada apresenta mobília riquíssima. Os três quartos de hóspedes são suntuosos, e o jardim é um oásis bem conservado com uma piscina. Café da manhã incluso. *Mapa J3 • Calle J. A. Cabrera 5855, Palermo Hollywood • 4777-7668 • www.cabreragarden.com • $$$$*

6 Lugar Gay de Buenos Aires
O primeiro B&B gay de Buenos Aires está instalado em uma residência de 1900 restaurada. São oito quartos modernos, além de sauna, videoteca adulta e terraços externos. A equipe organiza aulas de tango no hotel, jantares e excursões pela cidade. *Mapa F3 • Calle Defensa 1120, San Telmo • 4300-4747 • www.lugargay.com.ar • $$*

7 Pop Hotel
Esse hotel surgiu para dar novo significado ao termo "econômico". Alegre e iluminado, com decoração simples em cada um dos 44 quartos, esse alojamento urbano oferece Wi-Fi, base para iPod e um salão. *Mapa J4 • Av. Juan Ramírez Velasco 793, Villa Crespo • 4770-6900 • www.pophotelsbuenosaires.com • $$*

8 Querido B&B
Esse acolhedor B&B dirigido por anglo-brasileiros é uma boa opção, com lençóis de algodão egípcio, televisores de tela plana e vidros duplos. Moderno e acolhedor, possui ambiente propício para relaxar. *Mapa J4 • Av. Juan Ramírez de Velazco 934, Villa Crespo • 4854-6297 • www.queridobuenosaires.com • $$$*

9 Bonito San Telmo
Essa casa de 1897 tem cinco suítes de teto alto, escada em espiral, móveis antigos e um piano do século XIX. Desfrute o amplo terraço e os jardins banhados de sol. *Mapa F4 • Av. Juan de Garay 458, San Telmo • 4362-8451 • www.bonitobuenosaires.com • $$$*

10 Posada de la Luna
Uma casa da década de 1860 perfeitamente preservada com charme colonial e uma decoração decadente-chique. Além dos cinco quartos, tem sala de estar, sala de massagem, hidromassagem e pátios andaluzes. *Mapa F2 • Calle Perú 565, San Telmo • 4343-0911 • www.posadaluna.com • $$*

Os preços das diárias variam de acordo com a estação, a disponibilidade e as promoções. Todos os preços fornecidos aqui são da alta estação.

Placa do Ostinatto Buenos Aires

Categorias de Preço

Diária num quarto de casal (com café da manhã, se houver), impostos e taxa de serviço.

$	até US$50
$$	US$50-US$110
$$$	US$110-US$170
$$$$	US$170-US$240
$$$$$	acima de US$240

TOP 10 Hotéis Econômicos e Albergues

1 Goya Hotel

No melhor hotel econômico do centro, o Goya, o destaque é o terraço na cobertura, com ampla vista da cidade. Os andares inferiores têm quartos com banheira de hidromassagem. Todos têm TV a cabo e internet sem fio ou banda larga. *Mapa Q5 • Calle Suipacha 748, Microcentro • 4322-9269 • www.goyahotel.com.ar • $*

2 Hostel Carlos Gardel

Esse albergue animado e simpático, localizado em uma casa histórica de San Telmo, tem dois dormitórios com ar-condicionado e onze quartos privativos. Também aluga apartamentos mobiliados. *Mapa F3 • Calle Carlos Calvo 579, San Telmo • 4307-2606 • www.hostelcarlosgardel.com • $*

3 Eco Pampa Palermo

Material reciclável usado como mobília, iluminação sustentável e energia solar para eletricidade e aquecimento são apenas algumas das medidas ecológicas adotadas por esse hotel, que oferece, ainda, café da manhã, amplo terraço, bar e Wi-Fi grátis. *Mapa K3 • Calle Guatemala 4778, Palermo Viejo • 4831-2435 • www.hostelpampa.com.ar • $$*

4 Gran Hotel Hispano

Essa joia de hotel é um edifício belle époque de dois andares e um arejado pátio espanhol. Os quartos são limpos e de bom gosto. Há um terraço que dá para um jardim. *Mapa E2 • Av. de Mayo 861, Monserrat • 4345-2020 • www.hhispano.com.ar • $$*

5 Meridiano

Situado no calmo bairro de Palermo Hollywood, esse albergue pequeno abriga apenas quatro dormitórios. Tem uma ensolarada área comum em tons de branco, com pé-direito alto, e um amplo pátio. Os simpáticos proprietários mantêm tudo bem arrumado e oferecem café da manhã com pães frescos. *Mapa J2 • Calle Arévalo 1583, Palermo Hollywood • 4775-8227 • www.meridianohostel.com • $$*

6 Ostinatto Buenos Aires Hostel

O Ostinatto tem um bar-restaurante, uma pequena adega e aulas gratuitas de ioga e de tango. Os dormitórios, quartos de casal com banheiro privativo, o loft e um terraço comunitário na cobertura são ligados por corredores em zigue-zague. Conta com cofres e serviço de lavanderia. *Mapa F3 • Calle Chile 680, San Telmo • 4362-9639 • www.ostinatto.com • $*

7 Back in BA Hostel

Localizado em Palermo Viejo, o Back in BA é um hostel simpático que fica perto de todo o movimento. A diária inclui roupa de cama, café da manhã, Wi-Fi, chá e café, tornando o lugar uma ótima opção. Há ainda um bar que fica aberto até tarde, uma cozinha e tv a cabo. *Mapa J3 • Calle El Salvador 51115, Palermo Viejo • 4774-2859 • www.backinba.com • $*

8 Palermo Soho Hostel

Localizado na região de compras de Palermo, esse albergue tem mais quartos de casal que dormitórios, e por isso é ideal para casais mochileiros. Tem um terraço e uma sala de estar. *Mapa J2 • Calle Nicaragua 4728 • 4833-0151 • www.palermosohohostel.com.ar • $*

9 Milhouse

Esse é um albergue festivo. Faz jogos, competições na piscina e visitas a casas noturnas. Conta com pátio e terraço na cobertura. *Mapa E2 • Calle Hipólito Yrigoyen 959, Monserrat • 4345-9604 • www.milhousehostel.com • $*

10 V&S Hostel

Em um belo edifício de 1910 com uma escadaria e um elevador antigo, o V&S é um calmo oásis em meio à loucura do centro da cidade. Dispõe de dormitórios, quartos de casal e quádruplos, pátio, sala de estar e uma pequena biblioteca. Oferece aulas de tango. *Mapa Q5 • Calle Viamonte 887, Microcentro • 4322-0994 • www.hostelclub.com • $*

A maioria dos hotéis econômicos e albergues não dispõe de ar-condicionado ou acesso para deficiente, nem aceita cartões de crédito.

Índice

Agradecimentos

Autores
Declan McGarvey visitou a Argentina em 1999 e, apaixonado pelo país, decidiu ficar. Nove presidentes mais tarde, ele continua em Buenos Aires, onde trabalha escrevendo e editando guias de viagem. Colaborou com o *Guia Visual Argentina* e escreveu e editou vários guias Time Out da Patagônia e de Buenos Aires, e colaborou para o livro *As Melhores Viagens do Mundo*.

Jonathan Schultz foi coautor de outros títulos da DK, como *Guia Top 10 Boston* e *RealCity* de Nova York. Seu amor por Buenos Aires, descoberto num programa de intercâmbio universitário, renasceu depois de oito anos de ausência, levando-o a se estabelecer na cidade em 2007. O dulce de leche e os asados entram semanalmente em sua dieta alimentar.

Diretor Editorial
Douglas Amrine

Gerente do mailing list
Christine Stroyan

Editor de Arte
Mabel Chan

Editor Sênior
Sadie Smith

Designer Gráfico Sênior
Paul Jackson

Editor Cartográfico Sênior
Casper Morris

Diagramação
Natasha Lu

Diretor de Produção
Louise Minihane

Fotógrafo
Demetrio Carrasco

Fotografia Adicional
Rough Guides/Greg Roden

Checadora
Ariel Waisman

Cartógrafo Sênior
Suresh Kumar

Cartógrafo
Schchida Nand Pradhan

Revisores
Namrata Adhwaryu, Ashwin Raju Adimari, Claire Baranowski, Emer FitzGerald, Lydia Halliday, Nicola Malone, Margaret McHugh, Sorrel Moseley- Williams, Marianne Petrou, Rada Radojicic, Lucy Richards, Marisa Renzullo, Ellen Root, Susana Smith, Nikky Twyman

Declan McGarvey gostaria de agradecer a Colin Barraclough, Lucas de Eternautas e, acima de tudo, Virginia Maccallini por sua inestimável ajuda durante a redação deste livro. Também gostaria de expressar sua gratidão a Sadie Smith, da DK de Londres, e à equipe da Quadrum Solutions, Mumbai, Índia, por seu apoio e paciência.

Créditos de Fotos
a - alto; ae - alto, à esquerda; ace - alto, centro, à esquerda; ac - alto, centro; ad - alto, à direita; cea - centro, à esquerda, alto; ca - centro, alto; cda - centro, à direita, alto; ce - centro, à esquerda; c - centro; cd - centro, à direita; ceb - centro, à esquerda, embaixo; cb - centro, embaixo; cdb - centro, à direita, embaixo; be - embaixo, à esquerda; b - embaixo; bc - embaixo, centro;

bce - embaixo, centro, à esquerda; bd - embaixo, à direita; d - detalhe.

As obras de arte foram reproduzidas com a gentil permissão dos seguintes detentores de direitos autorais: *Manifestación* (1934), Antonio Berni, cortesia de José Berni 23cb; *Siete Últimas Canciones* (1986), Guillermo Kuitca, cortesia da Sperone Westwater Art Gallery, Nova York 23cd; *El Carnicero e Don Juan Sandoval, el Patrón,* Cesáreo Bernaldo de Quirós, com a colaboração do neto do artista, Mario C. Bernaldo de Quirós 17cd; *Pareja* (1923), Xul Solar, Foundation Pan Klub – Museu Xul Solar 22bc; Drago, Xul Solar, Foundation Pan Klub – Museo Xul Solar 89ae.

Os editores gostariam de agradecer às seguintes pessoas, empresas e bancos de imagem pela permissão de reproduzir suas fotos:

Alamy Images: Apeiron-Photo 29cd; Nick Baylis 42ae; Javier Etcheverry 97ae; Evernight Images 42ad; David R. Frazier Photolibrary, Inc. 12ce; Bernardo Galmarini 14ce, 50-51; Jeremy Hoare 6cdb, 12-13c, 13ad, 20bd, 42b; Yadid Levy 20-21c, 78-9, 93ae; North River Images 4-5; Per Karlsson – BKWine.com 56ac; Pictorial Press Ltd. 58ae; Christopher Pillitz 58b, 59ae; Guido Schiefer 28ad; GmbH & Co.KG 58ad; wim wiskerke 35ad.

La Cabrera: 54ae; Corbis: Bettmann 32ae; Pablo Corral V 12bc, 13bc; Stevens Frémont 114ae; Jon Hicks 24-5c; Langevin Jacques: 93ae; Sergio Pitamitz 3bd, 62-3; Hubert Stadler 64ad.

Faena Hotel and Universe: 112ac; Flabella: 84ad
Fotoscopio Latin American Stock Photo Agency: 26cb, 48ad, 49ad.

Latinphoto: 43ael, 10-1c.

MALBA – Fundacion Constantini, Buenos Aires, Argentina: 22bc, 22ce, 23cd, 23cb; Marcelo Toledo: 2ac, 39ae; PETER & JACKIE MAIN: 13ae.

Odyssey Productions, Inc: Robert Frerck 13ceb.

Photolibrary: Japan Travel Bureau 95a; Nordic Photos/Chad Ehlers 8-9c.

Quimbombó: 91te

Reuters: Marcos Haupa 32ad.

Verne Club: 92ad; VISAGE: Robert Frerck 18-19c; Getty Images 28ae, 32be, 33ae.

Frases

Em Emergências

Socorro!	**¡Socorro!**	so-ko-rro
Pare!	**¡Pare!**	pa-re
Chame um médico!	**¡Llame a un médico!**	Lha-me a un me-die-ko
Chame uma ambulância!	**¡Llame a una ambulancia!**	Lha-me a un-na am-bu-lan-zia
Chame a polícia!	**¡Llame a la policía!**	Lha-me a la po-li-zi-a
Chame os bombeiros!	**¡Llame a los bomberos!**	Lha-me a los bom-be-ros
Onde está o telefone mais próximo?	**¿Dónde está el teléfono más próximo?**	don-de es-ta el te-le-fo-no mas prok-si-mo
Onde é o hospital mais próximo?	**¿Dónde está el hospital más próximo?**	don-de es-ta el os-pi-tal mas prok-si-mo

Comunicação Essencial

Sim	**Sí**	si
Não	**No**	no
Por favor	**Por favor**	por fa-bor
Obrigada	**Gracias**	gra-zias
Me perdoe	**Perdone**	per-don
Alô	**Hola**	o-la
Bom dia	**Buenos días**	bue-nos di-as
Boa noite	**Buenas noches**	bue-nas no-tches
Manhã	**La mañana**	la ma-nha-na
Tarde	**La tarde**	la tar-de
Noite	**La noche**	la no-the
Ontem	**Ayer**	a-yer
Hoje	**Hoy**	oi
Amanhã	**Mañana**	ma-nha-na
Aqui	**Aquí**	a-ki
Lá	**Allí**	a-i
O quê?	**¿Qué?**	ke
Quando?	**¿Cuándo?**	kuan-do
Por quê?	**¿Por qué?**	por-ke
Onde?	**¿Dónde?**	don-de

Frases Úteis

Como vai?	**¿Cómo está usted?**	ko-mo es-ta us-ted
Muito bem, obrigada	**Muy bien, gracias**	mui bien gra-zias
Prazer em conhecê-lo(a).	**Encantado de conocerle.**	en-kan-ta-do de ko-no-zer-le
Até logo	**Hasta pronto**	as-ta pron-to
Tudo bem	**Está bien**	es-ta bien
Onde é/são...?	**¿Dónde está/están...?**	don-de es-ta/es-tan
Qual a distância até...?	**¿Cuál a distancia de aquí a...?**	kual a dis-tan-zia de a-ki a
Qual o caminho para...?	**¿Por dónde se va a...?**	por don-de se ba a
Fala português?	**¿Habla portugués?**	a-bla por-tu-gues
Não entendo	**No comprendo**	no kom-pren-do
Você pode falar mais devagar, por favor?	**¿Puede hablar más despacio por favor?**	pue-de a-blar mas des-pa-cio por fa-vor
Me desculpe	**Lo siento**	lo sien-to

Palavras Úteis

grande	**grande**	gran-de
pequeno	**pequeño**	pe-ke-nho
quente	**caliente**	ka-li-en-te
frio	**frío**	fri-o
bom	**bueno**	bue-no
mau	**malo**	ma-lo
suficiente	**bastante**	bas-tan-te
bem	**bien**	bien
aberto	**abierto**	a-bier-to
fechado	**cerrado**	ze-rra-do
esquerda	**izquierda**	iz-kier-da
direita	**derecha**	de-re-tcha
direto	**derecho**	de-re-tcho
perto	**cerca**	zer-ka
longe	**lejos**	le-xos
acima	**arriba**	a-rri-ba
abaixo	**abajo**	a-ba-xo
cedo	**temprano**	tem-pra-no
tarde	**tarde**	tar-de
entrada	**entrada**	en-tra-da
saída	**salida**	sa-li-da
banheiros	**lavabos, servicios**	la-va-bos, ser-bi-zi-os
mais	**más**	mas
menos	**menos**	me-nos

Compras

Quanto custa isso?	**¿Cuánto cuesta esto?**	kuan-to kues-ta es-to
Gostaria...	**Me gustaría...**	me gus-ta-ria
Você tem?	**¿Tienen?**	tie-nen
Estou só olhando	**Sólo estoy mirando**	so-lo es-toi mi-ran-do
Vocês aceitam cartão de crédito?	**¿Aceptan tarjetas de crédito?**	ak-zep-tan tar-rre-tas de kre-di-to
A que horas abre?	**¿A qué hora abren?**	a ke o-ra a-bren
A que horas fecha?	**¿A qué hora cierran?**	a ke o-ra zie-ran
este	**Éste**	es-te
aquele	**Ése**	e-se
caro	**caro**	ka-ro
barato	**barato**	ba-ra-to
tamanho (roupas)	**talla**	ta-ya
tamanho (sapatos)	**número**	nu-me-ro
branco	**blanco**	blan-ko
preto	**negro**	ne-gro
vermelho	**rojo**	rro-xo
amarelo	**amarillo**	a-ma-ri-lho
verde	**verde**	ber-de
azul	**azul**	a-zul
loja de antiguidades	**la tienda de antigüedades**	la tien-da de an-ti-gue-da-des
padaria	**la panadería**	la pa-na-de-ria
banco	**el banco**	el ban-ko
livraria	**la librería**	la li-bre-ria
açougue	**la carnicería**	la kar-ni-ze-ria
confeitaria	**la pastelería**	la pas-te-le-ria
farmácia	**la farmacia**	la far-ma-cia
peixaria	**la pescadería**	la pes-ka-de-ria
quitanda	**la frutería**	la fru-te-ria
mercearia	**la tienda de comestibles**	la tien-da de ko-mes-ti-bles
cabeleireiro	**la peluquería**	la pe-lu-ke-ria
mercado	**el mercado**	el mer-ka-do
banca de jornais	**el kiosko de prensa**	el kios-ko de pren-sa
agência do correio	**la oficina de correos**	la o-fi-zi-na de ko-rre-os
sapataria	**la zapatería**	la za-pa-te-ria
supermercado	**el supermercado**	el su-per-merka'-do
tabacaria	**el estanco**	el es-tan'-ko
agência de viagens	**la agencia de viajes**	lh a-xen'-zia de bia'-xes

Pontos Turísticos

galeria de arte	**el museo de arte**	el mu-seo de ar'-te
catedral	**la catedral**	la ka-te-dral'
igreja	**la iglesia**	la i-gle'-sia
	la basílica	la ba-si'-li-ka
jardim	**el jardín**	el xar-din
biblioteca	**la biblioteca**	la bi-blio-te'-ka
museu	**el museo**	el mu-seo
escritório de informações turísticas	**la oficina de turismo**	la o-fi-zi-na de tu-ris-mo
prefeitura	**el ayuntamiento**	el a-jun-ta-mien'-to
fechado para férias	**cerrado por vacaciones**	zer-ra'-do por ba-ka-zio'-nes
estação rodoviária	**la estación de autobuses**	la es-ta-zion' de au-to-bus'
estação ferroviária	**la estación de trenes**	la es-ta-zion' de tre-nes

No Hotel

Você tem um quarto livre?	**¿Tiene una habitación libre?**	tie'-ne u-na a-bi-ta-zion' li'-bre?
quarto duplo	**habitación doble**	a-bi-ta-zion' do-ble
com cama de casal	**con cama de matrimonio**	kon ka'-ma de ma-tri-mo'-nio
com duas camas	**habitación con dos camas**	a-bi-ta-zion' kon dos' ka'-mas
individual	**habitación individual**	a-bi-ta-zion' in-di'-bi-dual'
quarto com banheiro	**habitación con baño**	a-bi-ta-zion' kon ba-nho
chuveiro	**ducha**	du'-tcha
porteiro	**el botones**	el bo-to'-nes
chave	**la llave**	la lha'-be
Tenho uma reserva	**Tengo una habitación reservada**	ten-go u'-na a-bi-ta-zion' rre-ser'-ba-da

No Restaurante

Você tem uma mesa para...?	**¿Tiene mesa para...?**	tie'-ne me'-sa pa-ra...?
Quero reservar uma mesa	**Quiero reservar una mesa**	kie'-ro rre-ser-bar' u'-na me'-sa
A conta	**La cuenta**	la kuen'-ta
Sou vegetariano/a	**Soy vegetariano/a**	soy ve-xe-ta-ria'-no/na
garçom/ garçonete	**camarera/ camarero**	ka-ma-re'-ra/ ka-ma-re'-ro
menu	**la carta**	la kar'-ta
menu do dia	**menú del día**	me-nu' del di'-a
carta de vinhos	**la carta de vinos**	la kar'-ta de vi'-nos
copo	**un vaso**	un ba'-so
garrafa	**una botella**	u'-na bo-te'-lha
faca	**un cuchillo**	un' ku-tchi'-lho
garfo	**un tenedor**	un' te-ne-dor
colher	**una cuchara**	u'-na ku-tcha'-ra
café da manhã	**el desayuno**	el de-sa-ju'-no
almoço	**la comida/ el almuerzo**	la ko-mi'-da/ el al-muer'-zo
jantar	**la cena**	la ze'-na
primeiro prato	**el primer plato**	el pri-mer' pla'-to
aperitivos	**los entremeses**	los en-tre-me'-ses
prato do dia	**el plato del día**	el pla'-to del di'-a
café	**el café**	el ka-fe'
malpassada (carne)	**poco hecho**	po'-ko e'-tcho
médio	**medio hecho**	me'-dio e'-tcho
bem-passada	**muy hecho**	muy e'-tcho

Interpretando o Cardápio

al horno	al or'-no	ao forno
asado	a-sa'-do	assado
el aceite	el a-zei'-te	azeite
las aceitunas	las a-zei-tu'-nas	azeitonas
el agua mineral	el a'-gua mi-ne-ral'	água mineral
sin gas/con gas	sin gas'/kon gas'	sem gás/com gás
el ajo	el a'-xo	alho
el arroz	el a'-rroz'	arroz
el azúcar	el a-zu'-kar	açúcar
la carne	la kar-ne	carne
la cebolla	la ze-bo'-lha	cebola
el cerdo	el zer'-do	porco
la cerveza	la zer-be'-za	cerveja
el chocolate	el cho-ko-la'-te	chocolate
el chorizo	el cho-ri'-zo	linguiça
el cordero	el kor-de'-ro	cordeiro
el fiambre	el fiam'-bres	embutido
frito	fri'-to	frito
la fruta	la fru-ta	fruta
los frutos secos	los fru'-tos se'-kos	frutas secas
las gambas	las gam'-bas	camarões
el helado	el e-la'-do	sorvete
el huevo	el ue'-bo	ovo
el jamón serrano	el xa-mon' ser-ra'-no	presunto cru
el jerez	el xe-rez'	xerez
la langosta	la lan-gos'-ta	lagosta
la leche	la le-che	queijo
el limón	el li-mon'	limão
la limonada	la li-mo-na'-da	limonada
la mantequilla	la man-te-ki'-lha	manteiga
la manzana	la man-za'-na	maçã
los mariscos	los ma-ris'-kos	frutos do mar
la menestra	la me-nes'-tra	legumes cozidos
la naranja	la na-ran'-ha	laranja
el pan	el pan'	pão
el pastel	el pas-tel'	bolo, doce
las patatas	las pa-ta'-tas	batatas
el pescado	el pes-ka'-do	peixe
la pimienta	la pi-mien'-ta	pimenta
el plátano	el pla'-ta-no	banana
el pollo	el po'-lho	frango
el postre	el pos'-tre	sobremesa
el queso	el ke'-so	queijo
la sal	la sal'	sal
la salsa	la sal'-sa	molho
seco	se'-ko	seco
el solomillo	so-lo-mi'-lho	filé mignon
la sopa	so'-pa	sopa
la tarta	tar'-ta	torta/bolo
el té	te'	chá
la ternera	ter-ne'-ra	vitela
el vinagre	bi-na'-gre	vinagre
el vino blanco	bi'-no blan'-ko	vinho branco
el vino rosado	bi'-no ro-sa'-do	vinho rosé
el vino tinto	bi'-no tin'-to	vinho tinto

Números

0	**cero**	ze'-ro
1	**uno**	u'-no
2	**dos**	dos'
3	**tres**	tres'
4	**cuatro**	kua'-tro
5	**cinco**	zin'-ko
6	**seis**	seis'
7	**siete**	sie'-te
8	**ocho**	o-tcho
9	**nueve**	nue'-be
10	**diez**	diez'
11	**once**	on-ze
12	**doce**	do'-ze
13	**trece**	tre'-ze
14	**catorce**	ka-tor'-ze
15	**quince**	kin'-ze
16	**dieciséis**	die-zi-seis'
17	**diecisiete**	die-zi-sie'-te
18	**dieciocho**	die-zi-o'-tcho
19	**diecinueve**	die-zi-nue'-be
20	**veinte**	bien-te
21	**veintiuno**	bien-tiu'-no
22	**veintidós**	bien-ti-dos'
30	**treinta**	trein'-ta
31	**treinta y uno**	trein-ta i u'-no
40	**cuarenta**	kua-ren'-ta
50	**cincuenta**	zin-kuen'-ta
60	**sesenta**	se-sen'-ta
70	**setenta**	se-yen'-ta
80	**ochenta**	o-tchen-ta
90	**noventa**	no-ven'-ta
100	**cien**	zien'
101	**ciento uno**	zien'-to u'-no
200	**doscientos**	dos-zien'-tos
500	**quinientos**	ki-nien'-tos
700	**setecientos**	se-te-zien'-tos
900	**novecientos**	no-be-zien'-tos
1.000	**mil**	mil'
1.001	**mil uno**	mil' u'-no

Tempo

um minuto	**un minuto**	un' mi-nu'-to
uma hora	**una hora**	u'-na o'-ra
meia hora	**media hora**	me-dia o'-ra
segunda-feira	**lunes**	lu'-nes
terça-feira	**martes**	mar'-tes
quarta-feira	**miércoles**	mier'-ko-les
quinta-feira	**jueves**	xue'-bes
sexta-feira	**viernes**	bier'-nes
sábado	**sábado**	sa'-ba-do
domingo	**domingo**	do-min'-go

Índice de Ruas